CONECTIVIDAD E INTERACCIÓN.
POTENCIALIDADES DEL SMARTPHONE EN LOS ÁMBITOS DE LA COMUNICACIÓN Y LA EDUCACIÓN

— *Colección Comunicación y Pensamiento* —

CONECTIVIDAD E INTERACCIÓN. POTENCIALIDADES DEL SMARTPHONE EN LOS ÁMBITOS DE LA COMUNICACIÓN Y LA EDUCACIÓN

Coordinadoras

Marta Gil Ramírez y Ruth Gómez de Travesedo Rojas

Autores

(por orden de aparición)

Alexandre Botão
Paulo Frías
Marta Gil Ramírez
Ruth Gómez de Travesedo Rojas
Ingrid Viviana Estrella Tutivén
Víctor Hugo del Pozo Raymond
Guadalupe María Vernimmen Aguirre
Julia Ahifandi Cedeño
Fátima Castro Torres
Jefferson Flor Montecé

EGREGIUS
ediciones

CONECTIVIDAD E INTERACCIÓN POTENCIALIDADES DEL SMARTPHONE EN LOS ÁMBITOS DE LA COMUNICACIÓN Y LA EDUCACIÓN

Ediciones Egregius

www.egregius.es

Diseño de cubierta e interior: Francisco Anaya Benitez

© Los autores

1ª Edición. 2018

ISBN 978-84-17270-65-0

SEMBLANZA DE LOS AUTORES

Alexandre Botão

Jornalista e vencedor do mais importante prêmio da área no país, o Prêmio Esso de Jornalismo. Trabalhou durante mais de duas décadas nos jornais Correio Braziliense e Jornal do Brasil, em Brasília, e concluiu o mestrado em Comunicação na Universidade de Brasília (UnB), em 2013. Atualmente é aluno do Programa Doutoral em Mídias Digitais (PDMD) da Universidade do Porto, onde estuda Digital Audio On-Demand (DAoD) e conteúdo jornalístico em dispositivos controlados por voz.

Paulo Frias

Professor Universitário em Ciências da Comunicação na Faculdade de Letras da Universidade do Porto desde 2003, leccionando unidades curriculares na Licenciatura, Mestrados e Doutoramentos maioritariamente na área dos Novos Media e do Jornalismo Online. Licenciado em Arquitectura nesta Universidade, completou o Mestrado em Design de Produtos Interativos na Universitat Pompeu Fabra em Barcelona (2002) e o Doutoramento em Ciências da Comunicação na Universidade Nova de Lisboa (2010). Assumiu a direção editorial de uma revista dedicada ao Design e Arquitectura até 1998, foi repórter na Televisão Independente (TVI) e fez parte da direção do projeto P3, que nasceu como uma parceria editorial online entre o jornal Público e a Universidade do Porto. Colabora pontualmente com o jornal Público e com a estação de televisão PortoCanal. Tem exercido ainda a atividade de investigador na área do Jornalismo Online, orientado estudantes e participado em Júris de Mestrado e Doutoramento em Portugal e no estrangeiro.

Marta Gil Ramírez

Doctora en Comunicación Audiovisual por la Universidad de Málaga. Profesora en el Departamento de Comunicación Audiovisual y Publicidad de la UMA de 2010 a 2017. Miembro del grupo de investigación PAIDI de la Junta de Andalucía SEJ-390: "Comunicación y Poder". Sus líneas de investigación están centradas en comunicación política e innovación educativa. Ha participado en diversos congresos de ámbito nacional e internacional y publicado diversos capítulos de libro y artículos en revistas científicas. Profesional en los medios de comunicación desde 2004, actualmente ejerce como redactora en los servicios informativos de PTV Málaga.

Ruth Gómez de Travesedo Rojas

Doctora en Comunicación y profesora del Departamento de Comunicación Audiovisual y Publicidad de la Universidad de Málaga. Licenciada en Periodismo y en Publicidad y Relaciones Públicas. Premio de Doctorado. Sus líneas de investigación están centradas en la comunicación y el género, RR.PP. y cambio social. Participa en varios grupos de investigación y ha publicado diversos capítulos de libro y artículos en revistas científicas.

Ingrid Viviana Estrella Tutivén

Doctora en Comunicación, magíster en Gestión y Desarrollo Social, licenciada en Comunicación Social. Periodista de más de 15 años de experiencia en los medios más importantes de Ecuador. Docente de la Universidad de Guayaquil y del Instituto de Televisión. Coordinadora de Investigación por varios años en la Facultad de Comunicación Social de la Universidad de Guayaquil y actual Coordinadora del departamento de Acreditación de dicha facultad. Autora de varias publicaciones de alto impacto a nivel internacional, la mayoría de ellas enmarcadas en la línea de investigación audiovisual. Creadora del diario digital universitario www.diariotuvoz.com

Víctor Hugo del Pozo Raymond

Magíster en Gerencia Internacional. Licenciado en Comercio Exterior. Es docente investigador y gestor de investigación de la facultad de Comunicación Social de la Universidad de Guayaquil.

Guadalupe María Vernimmen Aguirre

Magíster en Estudios de la Cultura con mención en Políticas Culturales. Licenciada en Comunicación con mención en Redacción Creativa y Técnica en Publicidad. Actualmente es candidata a Magíster en Comunicación con mención en Comunicación Digital. Es docente Titular a tiempo completo y gestora del área de Investigación en la Carrera de Publicidad de la Facultad de Comunicación Social (FACSO), Universidad de Guayaquil (UG).

Julia Abifandi Cedeño

Magister en ciencias internacionales y diplomacia en la Facultad de Comunicación Social de la Universidad de Guayaquil. Periodista con una larga trayectoria profesional, ha desarrolado sus funciones en Radio Sucre Cadenar, Radio Carrusel, Radio Morena, Diario Expreso, Radio Tropicana, Radio Universal y Revista La Verdad. Ha recibido diversos reconocimientos públicos: Universidad de Guayaquil.Dra. Alicia Sánchez Bravo 1992, Universidad de Guayaquil, diploma premio "assesit al contenta", Universidad de Guayaquil, gratitud Organizaciones Internacionales mejor alumno 1992 – 1993.

Fátima Castro Torres

Licenciada en Ciencias de la Comunicación Social, Universidad de Guayaquil. Máster en Gerencia Educativa, Universidad Central del Ecuador. Docente en la Carrera de Comunicación Social, Facultad de Comunicación Social de la Universidad de Guayaquil. Actualmente desarrolla el puesto de coordinadora del Programa de Radio "Nuestras Vivencias", en Radio Z1 de Guayaquil, Ecuador. A lo largo de su trayectoria profesional a ejercido de jefa de Diario El Norte en Otavalo, provincia de Imbabura, Ecuador, periodista en los diarios El Universo, El Telégrafo, El Expreso y El Financiero, de Guayaquil, productora y conductora del programa de TV on line "Otavalo Sabe", de ENTV, en Otavalo.

Jefferson Flor Montecé

Magister en diseño curricular, Magister en Comunicación estratégica en la Universidad Ecotec (en proceso), Licenciado en Ciencias de la Comunicación Social, adscrito en el Programa de Doctorado Interuniversitario en Comunicación de la Universidad de Málaga. Docente en la Universidad de Guayaquil Facultad de Comunicación Social. Las clases impartidas, Comunicación, Cultura y Sociedad, Metodología de la Investigación. Gestor de Admisión Facultad de Comunicación Social, gestor de Acreditación Carrera de Comunicación Social, otras actividades de gestión (Co Evaluador de Pares Académicos). Estudios de actuación para teatro y televisión. Director de producción escénica escuela Cómicos.

ÍNDICE

ÍNDICE DE GRÁFICOS Y TABLAS

CAPÍTULO IV

INTRODUCCIÓN

Smartphone: un nuevo instrumento para la comunicación en los medios y en las aulas

Llevamos el ordenador en el bolsillo. Hoy en día, un cada vez más pequeño dispositivo pone al alcance de nuestras manos, en cualquier momento y lugar, toda la información que circula a través de la Red.

Los dispositivos móviles tipo *Smartphone* han convulsionado, no solo el tradicional sistema de medios de comunicación, sino que han supuesto una revolución en los modos de relación en el conjunto de la sociedad. Actualmente, parece impensable pasear sin encontrar a alguien con un móvil en la mano.

Consultar información, llamar, hacer fotografías o vídeos, son utilidades con un enorme potencial tanto en el nuevo ecosistema mediático digital, como en otras muchas disciplinas en las que estos nuevos instrumentos ofrecen inéditas posibilidades de conectividad e interacción.

En la nueva sociedad digital, el *Smartphone* se ha convertido en un dispositivo que supera la función para la que originariamente fue creado y se cuela en nuestra cotidianeidad, convirtiéndose en un objeto prácticamente indispensable, hasta tal punto que nuestro día a día no se concibe ya sin él. El acceso a Internet que posibilitan estos teléfonos inteligentes y la facilidad de diálogo que se profesa en las redes sociales, han modificado por completo los modos de comunicación.

En el actual ecosistema mediático digital, el *Smartphone* ha generado que las redacciones periodísticas scan verdaderos hervideros de información continua e inmediata sobre los más candentes temas de actualidad, pero también sobre los más insólitos detalles sociales a los que, antes de esta tecnología, el periodista tenía difícil acceso. La relación entre los medios de comunicación y su audiencia se ha transformado por completo, primero con la llegada de Internet y posteriormente con la eclosión de este tipo de dispositivos que hacen de la posibilidad de estar informado un fenómeno ubicuo, permitiendo al ciudadano colaborar e intervenir en las rutinas mediáticas. Los medios de comunicación, tanto tradicionales como digitales, conscientes de estas transformaciones, tratan de adaptarse a este distinto modo de consumo de información a través de las pequeñas pantallas táctiles.

La publicidad tampoco es ajena a esta nueva realidad donde el *Smartphone* se ha colado, silenciosa pero imparablemente, como complemento de moda que aparecen frecuentemente en las principales cabeceras de las revistas de referencia en el sector. Así, estos dispositivos móviles saltan a las pasarelas como un accesorio más que asoma de los bolsos, se observan sujetos en las manos de las modelos que desfilan por ellas o forman parte incluso de los propios diseños que lucen, haciendo posible el nuevo concepto de moda tecnológica.

Los teléfonos inteligentes han llegado incluso a las aulas, donde tímidamente, pero también con paso firme, los docentes innovan con formas de desarrollar los procesos de enseñanza-aprendizaje en el cada vez más participativo marco del Espacio Europeo de Educación Superior (EEES). Las facultades y escuelas universitarias de todo el mundo son conscientes de la importancia del *Smartphone* en la sociedad y comienzan a reformular sus programaciones docentes incluyendo contenidos directamente relacionados con el consumo informativo a través de estos dispositivos y a formar a sus alumnos en el manejo de estas herramientas.

Esta nueva tecnología ha convulsionado por tanto la realidad social, influyendo en el día a día de múltiples áreas. Educación, periodismo o publicidad son algunas de las disciplinas cuyo cambio se ha dejado sentir en los últimos años.

A lo largo de este monográfico, diversos investigadores de ámbito internacional repasan algunos de los sectores donde el *Smartphone* ha adquirido una posición relevante o comienza a intuirse como una vía de comunicación en potencia.

Así, en el primer capítulo, Alexandre Magno Botão y Paulo Frias, reflexionan sobre la preponderancia que están adquiriendo los dispositivos móviles como plataforma para el consumo informativo y cómo los medios de comunicación adaptan o no sus contenidos a esta nueva realidad mediática. La investigación que proponen los autores toma como objeto de estudio tres periódicos de referencia en España, Inglaterra y Portugal para constatar hasta qué punto los sistemas mediáticos en estos países atienden a las nuevas características de consumo que imponen los dispositivos móviles tipo *Smartphone*, comparando los contenidos que se generan para esta plataforma y los que se crean para su consumo a través de la web. Los resultados apuntan a lo que los autores definen como "*shovelware reloade*"', una mera transposición del contenido de las versiones *desktop* a las de los dispositivos móviles, aunque con mínimas alteraciones que indican que los propios medios entienden estos dos canales como distintos. Este interesante artículo invita a reflexionar sobre posibles cambios en las empresas productoras de noticias, y es que los dispositivos móviles tienden a dominar el acceso a Internet en un futuro muy próximo.

El segundo capítulo se ocupa de la incursión de este revolucionario dispositivo en la publicidad de moda en las revistas femeninas. En los últimos años, las versiones digitales de las revistas dirigidas a la mujer incorporan entre sus contenidos informaciones relacionadas con la telefonía móvil, bien centradas en los propios aparatos o en aspectos vinculados directamente con ellos como aplicaciones, complementos o contenidos relacionados con la salud. Ruth Gómez de Travesedo Rojas y Marta Gil Ramírez analizan la presencia del *Smartphone* como producto de moda vinculado a grandes firmas empresariales a través del examen de las páginas web de dos de las principales revistas femeninas, *Vogue* y *Elle,* en el periodo de 2012 a 2017.

Entre los resultados obtenidos por las autoras destaca el hecho de que las cabeceras de ambas revistas refuerzan los estereotipos de género al dar cabida a terminales sexuados, donde lo más importante para las consumidoras es la resolución de la cámara, el tamaño de la pantalla, el diseño y el color del terminal, ratificando que las preferencias femeninas difieren de las masculinas en cuanto a las características que demandan en un *Smartphone.* Gómez de Travesedo y Gil proponen una reflexión sobre el creciente protagonismo de este tipo de dispositivos en la publicidad como reflejo de una tendencia social en auge. Así, el *Smartphone* no solo habría revolucionado nuestro día a día, sino también el mundo de la moda, colándose en pasarelas y contenidos publicitarios que "invitan" a la mujer a "vestir" los dispositivos para conjuntarlos con sus estilismos.

En los dos últimos capítulos no acercamos al fenómeno del uso del *Smartphone* en las aulas. El actual marco que propone el EEES, con procesos de enseñanza aprendizaje más dinámicos y orientados a la adquisición de competencias, se establece como un perfecto caldo de cultivo para la introducción de este tipo de tecnología en el ámbito educativo en general y en la docencia de postgrado en particular.

Ingrid Viviana Estrella Tutivén, Victor Hugo del Pozo Raymond y Guadalupe María Vernimmen Aguirre exponen, con gran acierto, las virtudes del empleo del *streaming* en la docencia de la Cátedra de Comunicación Multimedia de la Universidad de Guayaquil. Los autores muestran los resultados de una investigación empírica llevada a cabo con 95 alumnos que, durante las prácticas de la asigantura Periodismo Digital, se inician en el empleo de transmisiones en vivo, usando sus celulares y plataformas *streaming* como *Facebook Live.* Ante la urgente necesidad de educar a los universitarios en las nuevas tecnologías de la comunicación que son utilizadas en el periodismo digital, los autores constatan como la práctica evaluada ha permitido que los alumnos tengan una experiencia real y acorde a la profesión que van a ejercer en un futuro cercano. A través de encuestas y de análisis de contenido cuantitativo, Estrella, del Pozo y Vernimmen concluyen que, entre las diversas herramientas propuestas, la práctica de transmisión en línea fue considerada la más popular y la más enriquecedora para la cátedra de Comunicación Multimedia.

Cierra este monográfico sobre el protagonismo del *Smartphone* en el nuevo panorama social la contribución de Julia Abifandi Cedeño, Fatima Castro Torres y Jefferson Flor Montecé. En el mismo contexto que la investigación precedente, esto es, la Universidad de Guayaquil, los autores examinan, en este caso, la influencia del *Smartphone* en los procesos de enseñanza-aprendizaje que aplican los docentes de la asigantura Multimedia en la Facultad de Comunicación Social. A través de la técnica *focus group*, los autores recogen la opinión de los profesionales de la educación y determinan que, el uso del *Smartphone* como herramienta tecnológica crea nuevos entornos pedagógicos que mejoran la calidad de la enseñanza y el aprendizaje, respondiendo a las necesidades de la sociedad y del sistema educativo actual. Abifandi, Castro y Flor apuntan al *Smartphone* como un elemento fundamental en la construcción de conocimientos que, bajo un uso responsable, profesional y ético, mejora la comunicación e interacción entre docentes y discentes. Esta investigación concluye con una propuesta a las autoridades de la Universidad de Guayaquil y el Estado (Ecuador) en el sentido de aunar esfuerzos para mejorar los ambientes virtuales de enseñanza-aprendizaje con los que cuenta la Facultad de Comunicación Social objeto de estudio. A juicio de los autores, en el contexto actual es imprescindible que los docentes incluyan entre sus herramientas pedagógicas el uso de este dispositivo que aportará al conocimiento de los alumnos las destrezas necesarias para responder a los requerimientos que impone la sociedad de la información.

En suma, una interesante obra coral que refleja la trascendencia de las transformaciones que el *Smartphone* ha supuesto en distintas áreas en los últimos años. Una obra que nos invita a reflexionar sobre qué sería de la sociedad actual sin este dispositivo. Quizá podamos responder a esta pregunta cuando el paso del tiempo nos permita echar la vista atrás y ver con cierta distancia que somos y qué hemos sido. Porque, si hace unos años era impensable que pudiéramos andar por la calle con un teléfono en nuestro bolsillo, hoy en día lo que es impensable es que podamos hacerlo sin él.

Marta Gil Ramírez
Ruth Gómez de Travesedo Rojas

CAPÍTULO I

'Shovelware Reloaded': reflexões sobre o jornalismo digital no domínio da internet móvel

Alexandre Botão
Universidade do Porto, Portugal
Dr. Paulo Frias
Universidade do Porto, Portugal

Resumo

A origem dos acessos à World Wide Web passa por uma transformação significativa, com a ascensão do tráfego através de dispositivos móveis, rivalizando e, em alguns casos, ultrapassando pela primeira vez o realizado em ambientes desktop. Assiste-se a uma mudança radical na plataforma de consumo dos conteúdos, inclusive noticiosos, por parte dos usuários. Este artigo apresenta resultados de uma investigação sobre o modo como algumas empresas de comunicação de três países (Espanha, Inglaterra e Portugal) oferecem notícias à audiência, considerando os ambientes em dispositivos móveis e em computadores pessoais. Analisam-se as homepages e artigos dos principais sites de jornais generalistas de cada país, para tentar definir como esses veículos entendem os dois tipos de plataformas. A metodologia tem como base a análise de conteúdo de cada site durante sete dias consecutivos, comparando cada um dos dois suportes. Os resultados apontam para o que definimos como 'shovelware reloaded', em grande parte uma mera transposição do conteúdo das versões desktop para as dos dispositivos móveis, embora com mínimas alterações que indiciam que os próprios veículos entendem esses dois canais como distintos. O padrão observado remete para o processo de shovelware original dos anos 1990, quando a maioria das empresas jornalísticas acreditava que a transposição para a internet das suas páginas impressas digitalizadas já seria suficiente para fazer um uso adequado do ambiente online. Este artigo aproveita ainda para refletir sobre possíveis caminhos futuros nas empresas produtoras de notícias, uma vez que os dispositivos móveis tendem a dominar amplamente o acesso à internet num futuro muito próximo.

Palavras-chave: Jornalismo digital; Multimédia; Dispositivos móveis; Internet; Consumo de informação

Abstract

The World Wide Web traffic goes through a significant transformation with the rise of mobile devices access equalizing and, in some cases, surpassing for the first time the access via desktop computers. There is a radical change in the content consumption by users, which includes news media websites. This article presents results of an investigation about how communication companies from three countries (Spain, England and Portugal) offer content to the audience, comparing mobile devices and personal computers. In this article we analyze homepages and reports of the main newspapers' websites of each country, in order to define how these vehicles understand these two platforms. The methodology is based on content analysis, comparing both channels during seven consecutive days. The results point to a practice that we have defined as 'shovelware reloaded', largely a mere transposition from the desktop version to the mobile device enviroment, although it is possible to spot minimal changes that may indicate that these vehicles understand both channels as different from each other. This pattern observed leads to the original shovelware from the 1990s, when most media companies believed that the simple transposition of their printed pages to the internet would be enough to make proper use of the online environment. This article offers content to reflect on possible future paths to media companies, once mobile devices tend to dominate the internet access in a near future.

Keywords: Digital journalism; Multimedia; Mobile devices; Internet; Information consumption

1. Introdução

Em 1994, o número de websites disponíveis na World Wide Web não chegava a 2.800; hoje, ultrapassa a marca de 1,3 bilhão[2]. A magnitude do número em si e o crescimento nestes 24 anos — acima dos 30.000.000% — ilustram a dificuldade em se contabilizar dados analíticos que incorporem toda a rede. Até por isso, a maior parte dos levantamentos mais confiáveis, promovidos por empresas particulares interessadas em catalogar o tráfego da internet, capta apenas uma parcela dos acessos. Independentemente dessa limitação, são estes dados que possibilitam observar uma transformação crucial no modo como a sociedade acessa à World Wide Web atualmente.

Em abril de 2015, uma das mais importantes empresas de análise de dados e monitorização de tráfego da internet no mundo, a norte-americana ComScore, divulgou um dos seus relatórios periódicos com o primeiro indicativo de mudança nesse comportamento. Segundo a empresa, pela primeira vez na história, o número de usuários nos Estados Unidos que usava apenas uma plataforma de acesso era maior entre os oriundos de dispositivos móveis (como smartphones e tablets) do que entre aqueles que utilizavam computadores pessoais, como laptops e desktops: 11,3% face a 10,6%[3].

No mês seguinte, em maio de 2015, uma nova pesquisa, desta vez conduzida pela Alphabet, empresa que controla o Google, maior portal de buscas da web, mostrava que o acesso mobile no próprio Google superava o realizado em computadores em 10 países do mundo, incluindo Estados Unidos e Japão[4].

Apenas no fim de 2016, surgiu o primeiro estudo que demarcaria uma eventual mudança de paradigma no que diz respeito ao acesso à internet. A companhia irlandesa StatCounter anunciou um levantamento que revelava que as visitas via mobile ultrapassavam as advindas de computadores pessoais em outubro de 2016, numa proporção de 51,3% contra 48,7%[5] — um dado recebido com um misto de surpresa e ressalva, uma vez que a análise de tráfego da StatCounter abrange apenas 2,1% da internet mundial.

---

[2] Disponível em *http://www.internetlivestats.com/total-number-of-websites/* Acesso em: 28 de dezembro de 2017

[3] Disponível em *https://www.comscore.com/Insights/Blog/Number-of-Mobile-Only-Internet-Users-Now-Exceeds-Desktop-Only-in-the-U.S* Acesso em: 28 de dezembro de 2017

[4] Disponível em *https://adwords.googleblog.com/2015/05/building-for-next-moment.html* Acesso em: 28 de dezembro de 2017

[5] Disponível em *http://gs.statcounter.com/press/mobile-and-tablet-internet-usage-exceeds-desktop-for-first-time-worldwide* Acesso em: 28 de dezembro de 2017

Os mais recentes sinais de que essa modificação no comportamento primário do usuário de internet pode ser considerado um fenômeno contemporâneo, materializaram-se em dois estudos recentes. O primeiro, coordenado pela empresa norte-americana Adobe Systems e apresentado em setembro de 2017, demonstra que "desde janeiro de 2015, houve um aumento de 68% no tráfego web via smartphone nos Estados Unidos, enquanto computadores e tablets registraram uma queda". O relatório Adobe's Media & Metrics, que rastreou mais de 150 bilhões de visitas em 400 dos sites com mais acessos do mundo[6], indica que, nos últimos 30 meses, essa redução em desktops e laptops chegou a 30%, e, em tablet, a 16%. O outro levantamento, ainda mais recente, mais uma vez da irlandesa StatCounter, foi divulgado em 30 de janeiro de 2018 pela agência britânica de marketing We Are Social, em parceria com a empresa de análise de tráfego Hootsuite. Mostra que os smartphones são responsáveis por 52% de tráfego web no mundo — um crescimento de 4% em relação a 2017 — enquanto "laptops e desktops" registraram queda de 3% e hoje correspondem a 43% dos acessos[7].

A ampla disseminação dos smartphones, hoje a principal ferramenta de acesso à internet, pode ser interpretada como uma consequência natural do crescimento sem precedentes da utilização dos dispositivos móveis, uma tendência amplamente documentada nos últimos 10 anos (Beckett, 2008; Canavilhas, 2012; Castells, 2009; Deuze, 2012).

Do mesmo modo que Castells (2009) sintetizou a relação temporal entre o desenvolvimento de uma tecnologia e a respectiva disseminação, ao estabelecer "a explosão da comunicação sem fio" como "a mais veloz difusão de tecnologia da comunicação na história", Pavlik (2014), cinco anos mais tarde, conseguiu resumir de forma prática o cenário que se avizinhava:

> Eric Schmidt e Jared Cohen, da Google, fornecem evidência de que 5 bilhões de pessoas passarão a estar online durante a próxima década, especialmente por meio da mídia móvel, elevando o total de indivíduos conectados em todo o mundo para 7 bilhões. Há aproximadamente 2 bilhões de usuários de telefone celular em 2013, entre os quais um bilhão utiliza smartphones. Schmidt e Cohen argumentam que esta conectividade quase ubíqua vai mudar o futuro. (p. 160)

Ling e Donner (2013) percorrem caminho semelhante para exemplificar que o telefones celulares — e não apenas aquilo que convencionamos chamar de smartphone — exerce um papel fundamental nessa disseminação.

---

[6] Disponível em *http://www.cmo.com/adobe-digital-insights/articles/2017/9/8/media-and-entertainment-study-on-consumer-behavior-adi-.html* Acesso em: 28 de dezembro de 2017

[7] Disponível em *https://wearesocial.com/blog/2018/01/global-digital-report-2018* Acesso em: 31 de janeiro de 2018

> Eles podem ser um aparelho reciclado de 15 dólares comprado num
> mercado empoeirado em Bangalore ou podem ser um poderoso
> smartphone permitindo um espectro de funções relacionadas a dados e
> comunicação. [...] Além de ser um aparelho para se comunicar, tornou-
> se também uma câmera, um álbum de fotos, um cliente de e-mail e um
> calendário. Também são aparelhos que fornecem localização, e funcio-
> nam como [...] um mini-notebook. (p. 11)

A associação das capacidades desses dispositivos, que o tornaram popular
como nenhum outro hardware na história (Castells, 2009) à disseminação
das assinaturas de telefonia móvel, resultou numa conectividade que ad-
quiriu uma espécie de vida própria. Dessa maneira, parte dos mais de 1
bilhão de sites na World Wide Web procurou adaptar-se a essa realidade
— muitos com a criação de um design específico, que atendesse a essa
mudança no ecossistema, outros com a utilização do modelo responsivo
(Westlund, 2013), que adapta o conteúdo do ambiente desktop ao mobile
e sobre qual refletiremos mais adiante.

Mas como é que os veículos noticiosos tratam, hoje, essa ressignificação
no acesso à internet? Há uma ação concreta no modo operativo ou na
estrutura narrativa que demonstre que os meios de comunicação tradicional percebem os dispositivos móveis como sendo a principal fonte de acesso ao conteúdo jornalístico?

2. Uma breve história "móvel"

O telefone celular, como o conhecemos hoje, tem raízes em diversas ca-
madas da história. Desde as primeiras patentes que vislumbraram a ideia
de um dispositivo telefônico portátil e de dimensões reduzidas, registradas
no fim da primeira década do século 20 e o início da segunda, passando
pelos rádios de comunicação da Segunda Guerra Mundial (Rottman,
2010), cada um contribuiu com o que acabou por se tornar, basicamente,
um aparelho capaz de realizar chamadas telefônicas sem a necessidade de
conexão por fio. A empresa norte-americana Motorola teria sido quem
apresentou o primeiro dispositivo neste sentido, na década de 1970, e
também quem teria produzido em escala comercial o que pode ser chama-
do de primeiro telefone celular do mundo, o Motorola DynaTAC 8000X,
em 1984, embora um consenso em torno dessa "paternidade" esteja dis-
tante.

Nos anos 1990, os telefones celulares ganharam capacidade de processa-
mento e de acesso à internet, combinando características típicas dos Personal Digital Assistants (PDAs) às de telefonia, o que os alçou à categoria
de "smartphones" (telefone inteligente, em tradução livre). São os
smartphones e suas inúmeras ferramentas que acendem a luz para a pos-

sibilidade de um novo meio a ser explorado em diversas frentes, especialmente no que diz respeito à utilização online e ao desenvolvimento de aplicativos (softwares que proporcionam ao telefone celular mais funcionalidades), hoje costumeiramente chamados de apps.

A expansão dos telefones celulares em todo o mundo se dá pela necessidade dos grupos sociais de estarem constantemente conectados (Chan-Olmsted & Shay, 2016; Katz, 2008; Turkle, 2008), pela velocidade de expansão da capacidade tecnológica dos dispositivos nos últimos 10 anos (Briggs & Burke, 2016) e pela ampliação da conectividade sem fio (Westlund, 2013). Como resultado disso, a proporção absoluta de comercialização desses aparelhos deixa a casa dos milhões para chegar à marca dos bilhões de unidades. Em junho de 2017, quando celebrou 10 anos do seu principal produto, o iPhone, a americana Apple anunciou ter comercializado 1,16 bilhões de aparelhos desde que entregou a primeira unidade, em 2007[8]. A coreana Samsung, maior fabricante de smartphones com o sistema operacional Android, líder no mercado mobile, colocou à venda, apenas considerando dados de 2010 a 2015, 1,9 bilhões de aparelhos[9].

Não há um número oficial da presença de celulares — e, por consequência, de smartphones — no mundo hoje. Há, no entanto, uma série de levantamentos acerca do tema, com variados graus de precisão.

Um dos mais abrangentes estudos sobre a penetração mobile no mundo também consta na pesquisa supracitada da agência de marketing We Are Social. De acordo com o estudo, há 8,48 bilhões de "mobile connections" e 5,13 bilhões de "mobile unique users", o que significaria uma penetração em cerca de 68% da população mundial[10]. Ainda segundo a pesquisa, aproximadamente 55% dos dispositivos podem ser considerados "smartphones devices".

3. Classificação dos meios e as relações sociais

Um desafio extra quando se trata de tecnologias muito recentes é a notória impossibilidade em se pré-determinar certos conceitos que, em outras áreas, muitas vezes, estão devidamente referendados. A história dos meios é repleta de casos em que o surgimento de um novo meio não necessariamente representou a morte de outro, e eles seguiram coexistindo (Fidler,

---

[8] Disponível em *http://www.forbes.com/sites/niallmccarthy/2017/06/29/apple-has-sold-1-2-billion-iphones-over-the-past-10-years-infographic/#4b31691042f8* Acesso em: 28 de dezembro de 2017

[9] Disponível em *https://www.statista.com/statistics/293197/samsung-units-mobile-phone-sales-worldwide/* Acesso em: 31 de janeiro de 2018

[10] Disponível em *https://wearesocial.com/blog/2018/01/global-digital-report-2018* Acesso em: 31 de janeiro de 2018

1997). No caso dos dispositivos móveis, e mesmo em relação à internet de um modo geral, embora esta esteja plenamente disseminada do mesmo modo que televisão, rádio e veículos impressos, ainda há ressalvas sobre se é pertinente classificá-los como um meio de comunicação independente (Araújo, 2007; King, 2010; Thompson, 1995).

Ainda que não exista, por ora, um estudo definitivo sobre a predominância de acesso à internet via dispositivos móveis em detrimento daqueles feitos via desktop e laptop, mesmo os levantamentos comerciais mais amplos, como o da agência We Are Social, precisam ser analisados com certo discernimento. O fato de haver mais acessos via mobile nas pesquisas citadas pode não se aplicar necessariamente à totalidade dos conteúdos. No caso dos veículos noticiosos, por exemplo, não existe nenhum levantamento preliminar, nem mesmo passível de observação assistemática, que garanta essa premissa. O máximo de informação a esse respeito só pode ser verificado —e mesmo assim esporadicamente— em relatos dos próprios veículos no que diz respeito ao tráfego. É fundamental destacar que há uma possibilidade de essa alteração nos números ser ainda maior quando se modificar os recortes geográficos, uma vez que há regiões em que o alcance de dispositivos móveis com acesso à rede é reconhecidamente mais baixo (Castells et Al., 2007).

No entanto, de igual maneira, se considerarmos que se trata de uma tendência na internet como um todo, não há também motivo para excluir a possibilidade de que, em algum momento, se não já, os veículos noticiosos também experimentam esse fenômeno. Com base nessa premissa, o questionamento se mostra pertinente: como esses mesmos veículos tratam, na questão da apresentação do conteúdo, sua audiência formada majoritariamente por usuários de dispositivos móveis?

Mesmo referindo-se apenas à internet, que à época ainda estava em seus primeiros anos de penetração global, Castells (1999) entende que essa transformação era de se aguardar a cada mudança de paradigma nessas proporções: "A difusão da tecnologia amplifica seu poder de forma infinita, à medida que os usuários apropriam-se dela e a redefinem" (p. 69)

Porém, se a experiência dos veículos noticiosos for levada em consideração, é possível que haja, novamente, alguma dificuldade nessa percepção, como atestou Canavilhas (2012), que já analisou repetidas vezes essa incapacidade dos veículos de comunicação tanto na tentativa de providenciar um calendário próprio na concepção social dos meios quanto na de estabelecer um modelo comercial do negócio digital.

4. Metodologia

Na questão principal, que busca comparar como os veículos de comunicação apresentam conteúdo noticioso na internet acessada via desktop com a estrutura narrativa via dispositivos móveis, é importante estabelecer um recorte que conjugue dois fatores: 1) diversificar a classificação geográfica dos veículos a serem estudados, uma vez que pode haver uma discrepância exagerada em veículos de um determinado país ou continente (Castells et al., 2007; Srivastava, 2008); 2) o domínio da língua na qual este veículo está inserido, já que a não compreensão do idioma implica, de algum modo, a contaminação dos resultados.

Essa etapa de levantamento prévio remete ao que Schwingel (2008) define como "observação assistemática" ao abordar a pesquisa em ciberjornalismo. Neste trabalho, especificamente, levou-se em consideração os veículos noticiosos mais acessados de três países: Portugal, Espanha e Inglaterra. A classificação de audiência de cada veículo deu-se com base no levantamento periódico feito pela empresa de auditoria de tráfego na internet Alexa, uma das mais reconhecidas do mundo, que pertence à Amazon. No sentido de ampliar as possibilidades de como cada empresa trata seus múltiplos temas, a escolha desconsiderou veículos que tratam de um único tópico, como apenas Esportes, ou apenas Entretenimento, resultando nos seguintes sites: *O Público*, de Portugal; *El País*, da Espanha; e *The Guardian*, do Reino Unido[11].

De todo modo, independentemente da volatilidade inerente ao tema, seguem imprescindíveis as regras da representatividade e homogeneidade na constituição do corpus (Fonseca Júnior, 2005), o que foi obtido com a utilização de um fator de mensuração de tráfego confiável, como o Alexa.

Neste artigo, quando tratamos de veículos jornalísticos nos smartphones, não levamos em consideração os aplicativos, apenas o acesso à internet realizado por meio de navegadores (browsers) instalados no dispositivo.

A análise de conteúdo, neste caso, apresenta-se como a escolha mais adequada porque trata-se de um método que "recolhe e analisa textos, sons, símbolos e imagens impressas, gravadas ou veiculadas em forma eletrônica ou digital encontrados na mídia", enquadrando-os em categorias "previamente testadas, mutuamente exclusivas e passíveis de replicação" (Herscovitz, 2007, p. 126-127).

---

[11] Disponível em: *https://www.alexa.com/topsites/countries/ES*, *https://www.alexa.com/topsites/countries/PT*, *https://www.alexa.com/topsites/countries/GB* Acesso em: 20 de dezembro de 2017

Como o objetivo é interpretar a linguagem adotada pelos veículos de comunicação nos dispositivos móveis, diferenciando-os ou não da versão desktop/laptop, justamente utilizando elementos como textos, sons, símbolos e imagens, o método encaixa-se nas premissas fundamentais. Para ampliar o espectro dessa análise, recorreremos à pesquisa qualitativa, que possibilita a inferência a partir de textos (Weber, 1985), e da presença ou ausência de determinada característica (Bardin, 2009), separando os dados em categorias específicas, com o objetivo de comprimir as muitas palavras de texto (Stemler, 2001).

O período de coleta de dados compreende sete dias sequenciais, o que definimos como semana cheia (ou completa), entre os dias 21 e 27 de dezembro de 2017, para os três veículos. A opção por um período que contemplasse todos os dias da semana se deu em função das rotinas produtivas das redações de veículos de todo o mundo (Fuller, 2010), o que significa, entre outros fatores, reportagens especiais em determinados dias da semana, e regime de plantão, com mão de obra reduzida, aos fins de semana e feriados.

Com o objetivo de comparar eventuais diferenças na linguagem adotada pelos veículos em suas edições para desktop/laptop e para smartphones, serão observados dois elementos de cada veículo a cada dia: a capa do respectivo site, onde se concentram os links para as principais reportagens daquele momento, e uma página interna de reportagem, no caso, a principal naquela ocasião, definida pela "manchete" do site. Com isso, no total, foram observadas 21 capas e 21 reportagens internas em cada versão: desktop/laptop e mobile, como será detalhado mais adiante. Cabe ressaltar ainda que a pesquisa levou em consideração a mesma faixa de horário de coleta para cada dia, entre 16h e 17h.

Com o objetivo de estabelecer critérios a fim de construir uma base de interpretação das linguagens em cada um dos canais, a análise de conteúdo ancorou-se em três eixos de avaliação, que serve, entre outras coisas, para estabelecer regras definidas de categorização (López Garcia, 2005). São eles design, estrutura textual, e elementos de interatividade:

a) Design e experiência do usuário: Verificar se há ou não mudanças na estrutura visual das páginas em cada uma das versões, incluindo, fotos, vídeos, hiperlinks e ícones de compartilhamento.

b) Estrutura textual: Comparar títulos e tamanho do texto principal nos dois canais de acesso, verificando repetições e/ou readequações, além da supressão e/ou inclusão de conteúdo.

c) Elementos de interatividade: Avaliar a existência de elementos especícos que, jornalisticamente, fazem mais sentido em cada um dos canais —

desktop/laptop ou mobile. Por elementos de interatividade, entende-se a interação com o leitor, de modo que uma ação revele informação extra ao conteúdo.

5. Análise dos dados

A transformação profunda pela qual o aparelho telefônico passou desde a criação, no fim do século 19, até hoje, não permite margem para uma comparação real, mas a história de como o inventor húngaro Theodore Puskas, com o auxílio do também inventor e engenheiro Nikola Tesla, uniu pela primeira vez as noções de telefonia e jornalismo, quando apresentou, em 1893, o serviço Telefon Hirmondó (Briggs & Burke, 2016), não deixa de criar uma peculiaridade histórica entre o meio e a mensagem nesses quase 125 anos.

Perceber o dispositivo móvel como o principal modelo de acesso à internet e, portanto, o mais popular — ou um dos mais populares — meio de interação entre notícia e sociedade não apenas conecta esses dois pontos históricos separados pelo século 20, mas também ratifica a percepção de uma real disrupção da mídia. Reinghold (2008) usa dados de uma década atrás e, na verdade, refere-se ao poder de uma disrupção política no mundo — mas o exemplo se aplica a qualquer tipo de disrupção, especialmente ao da mídia — ao estabelecer uma real diferença entre internet "tradicional" e mobile.

> O poder de persuadir e comunicar, unido ao poder de organizar e coordenar, multiplicado por 3 bilhões de celulares no mundo se apresenta com um potencial de disrupção política com capacidade de igualar ou suplantar a mídia impressa, as linhas fixas de telefone, a televisão e a internet. (Reinghold, 2008, p. 225-226)

A visão de Reinghold, aliada à de outros autores como Canavilhas (2012) e Westlund (2013), ajuda a balizar a questão: com o domínio do mobile no acesso à internet, como os veículos noticiosos se apresentam para essa disrupção capaz de "suplantar mídia impressa, televisão e internet"?

Os resultados deste artigo apontam para uma reedição do shovelware jornalístico verificado nos anos 1990, quando os primeiros veículos impressos transpuseram suas páginas, digitalizadas, para a World Wide Web sem criar qualquer diferença sensível entre um ambiente e outro (Pavlik, 1996). A repetição desse comportamento, agora na comparação entre internet "tradicional" e mobile é o que batizamos de 'shovelware reloaded'. O termo shovelware foi inicialmente cunhado em referência a códigos de computador que eram excessivamente rebuscados mas não adicionavam nada ao resultado final da programação. No início dos anos 1990, de forma bem mais informal, também acabou utilizado para batizar CD-ROMs encartados em revistas impressas, que traziam uma grande quantidade de software com pouca ou nenhuma utilidade.

Mesmo mais de 20 anos depois do shovelware "original", o que há é uma dificuldade das empresas de comunicação em exercer a internet móvel como um canal de recursos únicos tanto na questão operativa quanto narrativa. Os três veículos pesquisados ao longo de uma semana cheia — *El País*, *The Guardian* e *Público* — apresentaram, de um modo geral, raras diferenciações entre o conteúdo disposto na internet do computador pessoal e aquele acessado na versão mobile. E do mesmo modo que essas mínimas alterações entre um e outro demonstram o tamanho do desafio que há pela frente para as empresas que oferecem conteúdo noticioso, elas, paradoxalmente, também revelam que os próprios veículos entendem os canais como distintos, como exploraremos a seguir.

a) Design e experiência do usuário: Em nenhuma das 21 reportagens analisadas para este artigo — sete de cada um dos três veículos — houve qualquer diferença na quantidade de fotos, vídeos e hiperlinks associados a ela, comparando as versões mobile ou desktop/laptop, como pode ser verificado nas tabelas 1, 2 e 3 — cada uma correspondendo a cada veículo.

No entanto, foi possível destacar que os três veículos alteram seus ícones de compartilhamento quando a mesma página/reportagem é acessada de plataformas diferentes. Nos navegadores de computadores pessoais, os principais ícones para se compartilhar aquele conteúdo nas redes sociais são das redes Twitter e Facebook (Figura 1). Na versão mobile, *El País* e *Público* adicionam o ícone do programa de mensagens WhatsApp, enquanto o *Guardian* acrescenta, além do WhatsApp, o Messenger, outro popular software de mensagens (Figura 2). No caso do *Guardian*, porém, é necessário que o usuário "desvende" mais opções de compartilhamento para ter acesso a esses ícones. Tanto WhatsApp quanto Messenger estão comumente associados a uma interação feita via dispositivos móveis, embora também sejam passíveis de utilização no ambiente desktop/laptop. A presença desses ícones destacados na versão para telefones celulares, no entanto, indica que os três veículos representados neste trabalho entendem as duas plataformas como distintas.

Figura 1: Print screen de reportagem do jornal The Guardian, em versão desktop, com apenas dois ícones de compartilhamento: Facebook e Twitter.

Fonte: The Guardian.

Figura 2: Print screen de reportagem do jornal The Guardian, em versão mobile, com oito ícones de compartilhamento, incluindo WhatsApp e Messenger.

Spain's prime minister has defended his handling of the Catalan crisis after the snap election he called in an attempt to settle the secessionist challenge resulted in pro-independence parties holding on to their absolute majority in parliament.

Fonte: The Guardian.

Uma outra mudança significativa diz respeito às páginas de reportagem do *El País*, que apresentam um ícone de uma impressora, que, ao ser clicado, permite imprimir a versão de texto daquela história. Esse ícone, naturalmente, não existe na versão mobile (Figura 3).

Figura 3: Print screen de reportagem do jornal El País, em versão desktop, com o ícone de uma impressora, que permite o usuário imprimir a reportagem.

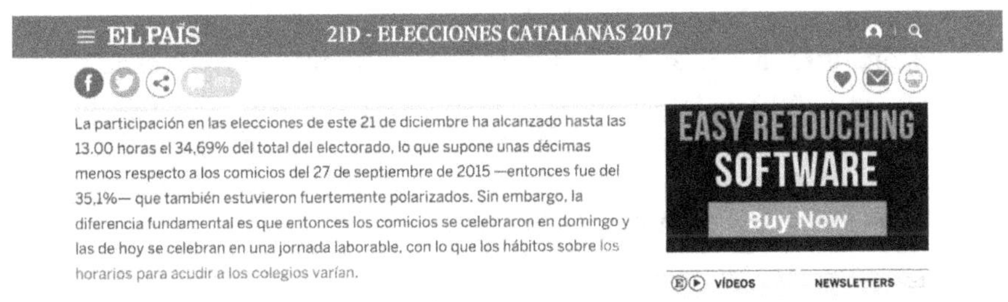

Fonte: El País.

Houve ainda algumas diferenças pequenas em vídeos e fotos tratadas como ilustrações principais das páginas, mas nada que se sobressaísse como sendo uma decisão editorial a fim de providenciar uma informação visual diferente em um respectivo canal — desktop/laptop ou mobile.

b) Estrutura textual: Nem nas capas nem em nenhuma das 21 reportagens houve qualquer diferença na estrutura de texto das versões mobile ou desktop/laptop. O que foi publicado na página web em acesso por navegadores de computadores pessoais acabou replicado da mesma maneira na versão mobile, sem qualquer supressão ou inclusão de conteúdo, incluindo manchetes e títulos. Um comportamento padrão tanto nas homepages quanto nas reportagens, independentemente do tamanho, como no caso de "A guerra contra o Papa Francisco", do *Público*, a mais extensa entre todas as analisadas, como pode ser visto na tabela 2.

c) Elementos de interatividade: Em um veículo noticioso, interpretar canais de acesso web como distintos pode, eventualmente, alterar a maneira como se apresenta o conteúdo. É possível definir quais elementos de uma determinada reportagem expressam melhor o objetivo do tema quando acessado via computador pessoal ou via smartphone. Do mesmo modo que as três empresas de mídia pesquisadas entenderam ser importante destacar ícones de compartilhamento na versão mobile que estivessem mais relacionados ao uso do celular (WhatsApp e Messenger), também poderia ser pertinente a adoção de outros elementos de interatividade, como ressalta Turkle (2008, p. 129): "Os aparelhos de comunicação *Always-on/Always-on-you* são sedutores por inúmeras razões, entre elas a de dar a sensação de que se pode fazer mais, estar em mais lugares e controlar mais aspectos da vida".

Os poucos casos de elementos interativos observados no levantamento dos dados, porém, evidenciam o shovelware repaginado. Naquelas reportagens em que havia um espaço clicável para que o usuário desvendasse mais conteúdo de texto, o link estava posicionado no mesmo lugar, após a mesma quantidade de parágrafos. Essa prática evidência, entre outros fatores, a diferença na quantidade de scrolls[12] necessários para se ler uma reportagem inteira. No caso da internet de computadores pessoais, em função do tamanho da tela, o número de scrolls é necessariamente inferior ao verificado nas telas dos dispositivos móveis. No caso da maior reportagem entre as analisadas, essa diferença foi de 41 scrolls para desktop/laptop contra 62 no mobile (tabela 2).

Em outra situação emblemática, o jornal *El País*, no primeiro dia de análise dos veículos posicionou uma timeline vinculada ao Twitter na capa da sua homepage, que era perfeitamente manuseável nos navegadores dos computadores pessoais, mas impossível de ser utilizada no telefone celular com precisão (Figura 4).

Figura 4: Print screen de reportagem do jornal El País, em versão mobile, com o recurso de live Twitter.

Fonte: El País.

---

[12] Scroll vem do verbo em inglês "percorrer", "deslizar" e refere-se à mudança de telas que se percorre ao ler uma página web, seja ela em qualquer navegador e qualquer tamanho de tela. Uma página web inteira que ocuparia o equivalente a duas telas do computador, por exemplo, tem dois scrolls.

Tabela 1: Dados coletados das reportagens internas do El País correspondentes à manchete da homepage, de 21 a 27 de dezembro de 2017, no horário entre 16h e 17h de cada dia.

EL PAÍS						
Dia	Versão	Campos de análise				
		Palavras	Hiperlinks	Fotos	Vídeos	Scrolls
1	Desktop	558	2	1	1	5
1	Mobile	558	2	1	1	7
2	Desktop	1.119	6	1	2	8
2	Mobile	1.119	6	1	2	13
3	Desktop	1.072	3	1	0	7
3	Mobile	1.072	3	1	0	10
4	Desktop	2.518	5	2	1	24
4	Mobile	2.518	5	2	1	28
5	Desktop	749	4	0	1	6
5	Mobile	749	4	0	1	8
6	Desktop	821	5	0	1	6
6	Mobile	821	5	0	1	9
7	Desktop	400	2	0	1	4
7	Mobile	400	2	0	1	5

Fonte: elaboração própria.

Tabela 2: Dados coletados das reportagens internas do Público correspondentes à manchete da homepage, de 21 a 27 de dezembro de 2017, no horário entre 16h e 17h de cada dia.

		PÚBLICO				
Dia	**Versão**	**Campos de análise**				
		Palavras	**Hiperlinks**	**Fotos**	**Vídeos**	**Scrolls**
1	Desktop	1.109	0	1	0	7
	Mobile	1.109	0	1	0	12
2	Desktop	631	0	1	0	5
	Mobile	631	0	1	0	7
3	Desktop	1.354	7	2	0	10
	Mobile	1.354	7	2	0	14
4	Desktop	6.243	6	8	0	41
	Mobile	6.243	6	8	0	62
5	Desktop	366	0	6	0	3
	Mobile	366	0	6	0	4
6	Desktop	1.360	0	1	0	12
	Mobile	1.360	0	1	0	18
7	Desktop	343	1	1	0	4
	Mobile	343	1	1	0	5

Fonte: elaboração própria.

Tabela 3: Dados coletados das reportagens internas do Guardian correspondentes à manchete da homepage, de 21 a 27 de dezembro de 2017, no horário entre 16h e 17h de cada dia.

THE GUARDIAN

Dia	Versão	Palavras	Hiperlinks	Fotos	Vídeos	Scrolls
1	Desktop	869	3	1	1	6
1	Mobile	869	3	1	1	7
2	Desktop	919	4	2	0	6
2	Mobile	919	4	2	0	7
3	Desktop	478	3	1	1	4
3	Mobile	478	3	1	1	5
4	Desktop	969	3	1	0	6
4	Mobile	969	3	1	0	7
5	Desktop	915	8	1	0	5
5	Mobile	915	8	1	0	6
6	Desktop	427	2	1	0	3
6	Mobile	427	2	1	0	4
7	Desktop	933	6	2	0	7
7	Mobile	933	6	2	0	8

Fonte: elaboração própria.

5.1. Entendendo o modelo responsivo

O HTML Responsive ou Responsive web design surgiu como uma tentativa de solução para o crescimento da penetração mobile em toda a World Wide Web. Em termos resumidos, significa readequar todas as páginas de um determinado site, utilizando uma versão específica de HTML combinada com CSS[13], para que elas tenham uma aparência similar em qualquer

---

[13] HTML significa Hypertext Markup Language, o código de programação utilizado para criar a estrutura de uma página na World Wide Web. CSS significa Casca-

tamanho de tela (Westlund, 2013). Assim, uma página web no computador, quando visualizada/navegada em uma tela menor, como a de um smartphone, terá elementos do seu conteúdo — texto, fotos, ícones, links etc. — redimensionados, suprimidos e/ou adaptados para aquela tela. Muito do que foi produzido nesse sentido gerou o conceito de *mobile friendly* (amigável para telefones celulares, em tradução livre), em uma época em que talvez não se imaginasse que o maior tráfego na internet passaria a ser mobile em um espaço de tempo tão curto.

Essa ideia, ao mesmo tempo que se apresentava como uma solução mais imediata para as principais empresas com presença web, também se tornou um limitador em diversas etapas do processo de criação de conteúdo. A possibilidade de ter a questão mobile resolvida em curto prazo, com a adoção de sites responsivos, muito possivelmente inibiu empresas de todo o mundo — incluindo os veículos noticiosos — no caminho para interpretar a internet móvel como um canal totalmente distinto.

5.2. Geolocalização e customização

Duas das características mais evidentes da internet móvel negligenciadas pelos veículos noticiosos — muito em função da crença de que um site responsivo, por si só, seria o suficiente para se tornar *mobile friendly* — são customização e geolocalização.

A personalização de conteúdo é tão antiga que Briggs e Burke (2016, p. 57) resgatam que, entre os manuscritos que circulavam na segunda metade do século 16, alguns dos boletins noticiosos já carregavam essa característica: "A flexibilidade da forma manuscrita permitia variações nas notícias enviadas a cada assinante, de acordo com seus interesses e necessidades. Esse serviço personalizado só estava disponível para pessoas ricas".

Com o advento dos dispositivos móveis tão evidente, talvez fosse de se imaginar que os veículos noticiosos pudessem fazer uso dessa característica única: cada aparelho está vinculado a uma única pessoa (Westlund, 2013). Mas a história recente das empresas de comunicação mostra que existe uma dificuldade intrínseca na forma de apresentação de conteúdo em plataformas muito recentes (Canavilhas, 2012; Deuze, 2007).

Em outro aspecto, as possibilidades de uso da geolocalização como agregador de conteúdo noticioso são muitas e, na maioria das vezes, igualmente ignoradas (Canavilhas, 2015). Uma reportagem sobre a estreia de determinado filme nos cinemas, por exemplo, permitiria a indicação de salas de cinema próximas ao usuário. Uma reportagem de turismo a respeito de

---

ding Style Sheets e refere-se a um mecanismo que altera com mais facilidade elementos de uma página na World Wide Web.

uma cidade específica traria a possibilidade de apresentar pontos de interesse caso o veículo emissor identificasse a presença do usuário naquela cidade. E até no que diz respeito a explorações comerciais e de marketing há um caminho a ser percorrido, relacionando publicidade e geolocalização.

Embora não seja objetivo do nosso estudo, foi possível notar, também neste primeiro dia de análise, que coincidiu com a eleição na Catalunha, tema de ampla cobertura jornalística do *El País*, uma falha no sentido de aproveitar as características dos dispositivos móveis. No horário escolhido para a análise, o processo eleitoral ainda estava a decorrer, o que significa que o *El País*, caso tivesse tomado uma decisão editorial nesta direção, poderia, entre diversas possibilidades, oferecer ao usuário da versão mobile mapas para encontrar mais facilmente uma zona eleitoral específica de acordo com a sua localização, por exemplo. É uma aplicação prática do que Canavilhas (2015, p. 358) buscava equacionar: "O novo ecossistema envolve novas rotinas de produção, onde conceitos como proximidade e periodicidade exigem novas interpretações".

6. Considerações finais

Interpretar a internet acessada via dispositivos móveis como um canal distinto daquele feito via computadores pessoais permite considerar novas possibilidades de apresentação de conteúdo para veículos noticiosos. Com a disseminação cada vez maior deste modelo de acesso à World Wide Web, se torna mais clara uma modificação no comportamento do usuário.

Os resultados obtidos neste estudo demonstram, no entanto, que ainda há uma dificuldade de as empresas de comunicação em explorar todas as possibilidades dos seus respectivos sites de notícia em smartphones. Quase todo o conteúdo apresentado no acesso via computadores era idêntico ou muito semelhante àquele observado nos dispositivos móveis — o que batizamos de shovelware reloaded, repetindo um problema verificado no início da era digital do jornalismo, nos anos 1990. Essa prática, muito provavelmente, foi agravada pela corrida ao HTML Responsive, uma maneira mais simples e rápida de adaptar um site inteiro aos celulares, sem perda aparente de conteúdo, mas sem qualquer inovação específica para aquele meio.

Por outro lado, nossa pesquisa mostra que são as próprias empresas que parecem entender os canais de forma distinta. Os três veículos — *El País*, *Público* e *The Guardian* — modificam ao menos uma característica quando se muda de uma plataforma à outra: os ícones de compartilhamento. Nas três situações, o acesso mobile prioriza redes sociais mais relacionadas aos smartphones para o compartilhamento de conteúdo: WhatsApp e Messenger.

Isso indica que seria possível trabalhar melhor as características típicas dos dispositivos móveis para apresentar conteúdo que pudesse utilizar informações customizadas ou que levassem em consideração a localização do usuário, por exemplo.

Ao separar as principais características daquilo que chama de revolução da tecnologia da informação, Castells (1999, p. 78/109) refere-se à penetrabilidade dos efeitos das novas tecnologias, destacando como "os processos de nossa existência individual e coletiva são diretamente moldados [...] pelo novo meio tecnológico" e à convergência de tecnologias específicas para um sistema altamente integrado, na qual "trajetórias tecnológicas antigas ficam impossíveis de se distinguir em separado".

Com mais pesquisa e, consequentemente, literatura a respeito, é possível imaginar que, à medida que o tráfego na World Wide Web esteja consolidado como majoritariamente mobile, esse cenário do shovelware reloaded se torne ainda mais evidente. O que não significa que os próprios veículos noticiosos, necessariamente, terão uma resposta mais rápida àquela dada ao shovelware original, quando publicavam apenas PDFs de páginas impressas em suas versões digitais (embora alguns impressos adotem essa prática até hoje).

A história das mídias e da comunicação de um modo geral, no entanto, demonstra que o usuário normalmente desconsidera essa velocidade — ou a falta dela, no caso — e avança ao próximo estágio da informação sem qualquer remorso (Anderson, 2009; Deuze, 2007; Rogers, 2003). Ou como Canavilhas (2015, p. 361) resume: "A informação tem que estar onde estão as pessoas, e a forma de alcançar isso é distribuí-la nos dispositivos que acompanham os usuários durante o dia inteiro".

Este artigo procura ligar um sinal que alerte neste sentido: com o domínio da internet acessada via dispositivos móveis, os veículos noticiosos ainda enfrentam dificuldades em produzir conteúdo diferenciado para canais distintos — mesmo mais de duas décadas depois do início da era digital.

Referências bibliográficas

Anderson, C. (2009). *Free: the future of a radical price*. Nova York: Hyperion.

Araújo, C. A. A. (2007). Problematizando o conceito de "meio" de comunicação. [S.l.: s.n.].

Bardin, L. (2009). *Análise de conteúdo*. São Paulo: Almedina, Edições 70.

Beckett, C. (2008). *Supermedia: saving journalism so it can save the world*. Nova Jersey: John Wiley & Sons Ltd.

Briggs, A., & Burke, P. (2016). *Uma história social da mídia: de Gutemberg à internet*. (3. ed.) Rio de Janeiro: Zahar.

Canavilhas, J. (2012). Contenidos periodísticos en el ecosistema líquido: entre la convergencia y la divergencia. Artigo. Covilhã (Portugal).

_________. (2015) Nuevos medios, nuevo ecosistema. *El Profesional de La Información*, 24(4), 357. https://doi.org/10.3145/epi.2015.jul.01 https://doi.org/10.1177/1077699016644561

Castells, M. (1999). A sociedade em rede. A era da informação: economia, sociedade e cultura. São Paulo: Paz e Terra.

_________. (2009). *Communication Power*. Nova York: Oxford University Press Inc.

Castells, M. et Al. (2007). *Mobile communication and society*. Cambridge, MA: MIT Press.

Chan-Olmsted, S., & Shay, R. (2016). *Understanding Tablet Consumers*. Journalism and Mass Communication Quarterly, 93(4), 857–883.

Deuze, M. (2007). *Media work*. Cambridge (Inglaterra): Polity Press.

_________. (2012). *Media life*. Cambridge (Inglaterra): Polity Press.

Fidler, R. (1997). *Mediamorphosis: Understanding new media*. Sage Publications.

Fonseca Júnior, W. C. (2005). *Análise de conteúdo*. In: Duarte J.; Barros, A. (Orgs.). *Métodos e técnicas de pesquisa em comunicação*. 1 ed. São Paulo: Atlas.

Fuller, J. (2010). *What is happening to news: the information explosion and the crisis in journalism*. Chicago: The University of Chicago Press.

Herscovitz, H. (2007). *Análise de conteúdo em jornalismo*. In: Lago, C.; Benetti, M. (Org.). *Metodologia de pesquisa em jornalismo*. Petrópolis: Vozes.

Katz, J. E. (2008). *Handbook of mobile communication studies*. Cambridge (EUA): MIT Press.

King, E. (2010). *Free for all: the internet's transformation of journalism*. Evanston (EUA): Northwestern University Press.

Ling, R. e Donner, J. (2013). *Mobile communication: digital media and society*. Nova Jersey: John Wiley & Sons Ltd.

López García, G. (2005). *Modelos de comunicación en internet*. Valencia: Tirant Lo Blanch.

Pavlik, J. (1996). *New Media Technology: Cultural and Commercial Perspectives*. Boston: Allyn and Bacon.

________. (2014). *Ubiquidade: O 7 o princípio do jornalismo na era digital*. In: Canavilhas, J. (Org). Webjornalismo: características que marcam a diferença. Livros LabCom: Covilhã, pp.159-184.

Reinghold, H. (2008). *Mobile media and political collective action*. In: Katz, J. E. (Org.). *Handbook of mobile communication studies*. Cambridge, MA: MIT Press.

Rogers, E. (2003). *Diffusion of innovations*. 5th ed. Nova York: Free Press.

Rottman, G. (2010). *World War II battlefield communications*. Nova York: Osprey Publishing.

Schwingel, C. (2008). *A pesquisa sobre arquiteturas da informação no ciberjornalismo brasileiro*. In: Noci, J. D.; Palacios, M. (Org.). *Metodologias para o estudo dos cibermeios: estado da arte e perspectivas*. Salvador: EDUFBA.

Stemler, S. (2001). *An overview of content analysis*. [S.l.]: Practical Assessment, Research & Evaluation (PARE). Disponível em: <http:// http://pareonline.net/ getvn.asp?v=7&n=17>. Acesso em: 20 dez. 2017

Srivastava, L. (2008). *The mobile makes its mark*. In: Katz, J. E. (Org.). *Handbook of mobile communication studies*. Cambridge (EUA): MIT Press.

Thompson, J. B. (1995). *A mídia e a modernidade: uma teoria social da mídia*. Petrópolis: Vozes.

Turkle, S. (2008). *Always-on/Always-on-you: the tethered self*. In: Katz, J. E. (Org.). *Handbook of mobile communication studies. Cambridge*, MA: MIT Press.

Weber, R. P. (1985). *Basic content analysis*. In: Sage University paper series on quantative applications in the social sciences. Londres: Sage Publications.

Westlund, O. (2013). *Mobile news: A review and model of journalism in an age of mobile media*. Digital Journalism, 1(1), 6–26. https://doi.org/10.1080/21670811.2012.740273

CAPÍTULO II
El Smartphone se viste de prada

Dra. Ruth Gómez de Travesedo Rojas
Universidad de Málaga, España
Dra. Marta Gil Ramírez
Universidad de Málaga, España

Resumen

Estamos en la sociedad de Internet, de la web 2.0, de las redes sociales, de las Apps... una sociedad altamente digitalizada y tecnologizada en la que incluso los tradicionales medios de comunicación se han tenido que adaptar a la premisa "renovarse o morir", especialmente los impresos que, en la mayoría de los casos, ven descender su audiencia a raíz de la crisis digital, hasta el punto de que son varios los expertos que cuestionan su supervivencia en soporte papel.

En este contexto, las revistas femeninas, se adaptan también a Internet y lanzan sus versiones digitales de forma temprana, casi a la misma vez que los grandes diarios nacionales. La mujer público objetivo de estas publicaciones, atenta y dispuesta a seguir las últimas tendencias en moda, no escapa tampoco a esta necesidad constante de estar a la última en cuanto a tecnología. Y es en este punto donde la telefonía móvil se cuela en estas publicaciones como un complemento de moda más, junto a bolsos, pañuelos y gafas de sol.

La presente investigación pretende analizar la presencia de la telefonía móvil como complemento de moda y vinculada a grandes firmas a través de dos de las principales revistas femeninas, *Vogue* y *Elle*, y mediante la técnica del análisis de contenido de las publicaciones realizadas en sus páginas web en los últimos seis años, de 2012 a 2017.

Los resultados obtenidos ponen de manifiesto la presencia de contenidos dedicados a la telefonía móvil, con informaciones que hacen hincapié en determinadas características de los aparatos como el color o cámara frontal.

Palabras claves: Revistas femeninas, mujer, telefonía, smartphone, moda.

1. Introducción: adaptación de las revistas a la era digital

Las revistas femeninas de alta gama son un medio de comunicación y un producto comercial dirigido a la mujer. Aunque surgen en España a mediados de los años 60 del siglo pasado, hay que esperar hasta los 80 para poder hablar del auge de la prensa femenina, con la apertura de nuestro país al exterior, lo que posibilita la entrada de grandes editoras internacionales, con cabeceras como *Vogue*, *Elle* o *Cosmopolitan* que se asientan rápidamente en el mercado español (Ganzábal, 2006).

En su larga trayectoria, las revistas femeninas han tenido que enfrentarse a profundos cambios y transformaciones a consecuencia de un mercado saturado y cambiante, como su adaptación al formato bolsillo en 2002 y más recientemente la crisis digital, que las obliga a tener presencia en Internet no solo para mantener su cuota de mercado sino para atraer también a potenciales lectoras más jóvenes que han nacido en la sociedad digital y que están acostumbradas a otro tipo de consumo de medios.

De modo que las principales revistas femeninas de moda se adaptan a este nuevo medio casi a la vez que los grandes diarios de información general. Así *Elle* cuenta con página web desde 1996 y *Cosmopolitan* desde 1997, cuando Internet era aún un fenómeno incipiente. El resto de las cabeceras existentes entonces lo hace progresivamente en el periodo marcado entre los años 2000 y 2003 cuando el mercado de consumo digital está más estabilizado (Ganzabal, 2007, p.70; Armentia, Ganzabal y Marín, 2011, p.2).

> En la actualidad, todas las revistas femeninas que se imprimen en papel cuentan desde hace años con su correspondiente página web, con formatos adaptados a la pantalla del ordenador y posteriormente también a las pantallas de tabletas y dispositivos móviles. (Almansa y Gómez de Travesedo,2017, p. 610)

De modo que estas cabeceras dirigidas a la mujer cuentan desde hace años con ediciones digitales, sin abandonar sus ediciones impresas, aunque como señalan Armentia et al. (2001, p.1) el discurso es el mismo en ambas.

Aunque en sus páginas encontramos temáticas muy diversas, estas publicaciones están centradas en contenidos relacionados con la belleza y la moda, que son según Gallego (1990, pp.50-51) dos de sus grandes ejes temáticos. De hecho, las propias cabeceras se autodefinen como revistas de moda. Algo en lo que coincide Torres (2007, p.216) que indica que la moda es el tema estrella de estas publicaciones, con publirreportajes y secciones dedicadas a compras y tendencias que ocupan casi una quinta parte de la cabecera. También Pérez y Garrido (2006, p. 102) sostienen que este tipo de revistas se configuran como el escaparate de dos industrias muy poderosas: la moda y la cosmética.

Sin embargo, Cabello (1999, p. 156) matiza que las revistas femeninas incluyen contenidos de alta moda y belleza. De modo que no cualquier producto tiene cabida en sus páginas, que son utilizadas por las marcas de alta gama como un soporte publicitario ideal para llegar a sus potenciales consumidoras. Se trata pues de publicidad de productos que indican un determinado prestigio o estatus social, estableciéndose un paralelismo entre el término 'alta gama' y la expresión 'alta costura', a la que pocas mujeres pueden acceder (Pérez y Garrido, 2006, p. 103). Además, las revistas de alta gama se han erigido en las encargadas de difundir tendencias de moda.

Pero la mujer lectora de este tipo de publicaciones ya sea en su versión impresa o digital, no solo aspira a estar a la última en tendencias de moda sino en todos los aspectos, y la tecnología se suma al carro de lo "último" de lo más "*it*". La mujer sigue la moda en ropa, en belleza, incluso en destinos vacacionales o restaurantes y también en tecnología, incluida la telefonía móvil.

2. La mujer como consumidora de telefonía móvil

El consumo de telefonía móvil se ha extendido en los últimos años por todo el mundo. En 2016, el 61% de los usuarios de móvil en el mundo afirmaba que miraba su terminal en los primeros cinco minutos después de despertarse (Ditrendia, 2017). De modo que el teléfono móvil se ha convertido en un aparato imprescindible en nuestro día a día y especialmente en nuestro país, que se sitúa en la primera posición en cuanto a penetración, hasta el punto de que podemos afirmar que en la sociedad española actual la mayoría de la población cuenta con un terminal móvil. Así pues, la telefonía móvil ha experimentado un gran desarrollo y "el teléfono móvil se ha convertido en un objeto social, dominante y personal" (Sánchez et al., 2008).

Las cifras así lo abalan al confirmar que en España el 88% de la población cuenta con un teléfono móvil y que además es el dispositivo más empleado para acceder a Internet, por el 94,6% de los españoles, cifra que asciende al 99% cuando nos referimos a los jóvenes y que se sitúa por delante del acceso a través de ordenadores portátiles o de sobremesa y tablets (Ditrendia, 2017). De hecho, ya Sánchez, Beranuy, Castellana, Chamarro y Oberst (2008) pensaba que la telefonía móvil e Internet eran dos de los elementos clave de una revolución social. En la misma línea Aguado y Martínez (2008) se referían a ella como una tecnología que está transformando el mundo.

Sin embargo, aunque existen varios estudios sobre el uso e influencia de la telefonía móvil, especialmente centrados en los jóvenes, los estudios como el de Martínez, Aguado y Tortajada (2009) que se centran en el análisis de la telefonía móvil desde una perspectiva de género son escasos.

Algo que sorprende si tenemos en cuenta que esta industria saca continuamente al mercado terminales, accesorios, aplicaciones, etc. destinados a la mujer como público objetivo primario, que llevan implícitamente asociados algunos estereotipos de género, como el empleo de colores que se presuponen femeninos o el concepto de mujer preocupada por la belleza, aspectos que posteriormente analizaremos con algo más de detalle cuando nos refiramos a los terminales para mujeres.

Además, son varios los estudios que reflejan que el consumo de terminales móviles difiere de un género a otro. Así lo reconocen Martínez et al. (2009, p.15) para quienes "la implantación y uso social de la telefonía móvil presenta algunas diferencias de género en cuanto a contextos y rutinas de uso":

> Así pues, tanto en las motivaciones para adquirir los dispositivos como en los usos posteriores, los hombres aprecian las innovaciones tecnológicas, las prestaciones y la diferenciación social, concibiendo el dispositivo como una extensión y herramienta de trabajo y las mujeres prefieren asegurar las funcionalidades básicas, la practicidad y el diseño, centrando sus usos en acciones comunicativas personales y cercanas. (Martínez et al. 2009, p. 30)

Según el estudio realizado en 2010 por Ipsos Consulting para Sony Ericsson sobre los usos y tendencias del teléfono móvil y las diferencias que existen en nuestro país entre hombres y mujeres, los hombres emplean el móvil como accesorio de trabajo y priman la tecnología al diseño a la hora de decantarse por un terminal. Sin embargo, las mujeres valoran que el móvil lleve radio y cámara de fotos (EP, 14 abril 2010). Seis años después, otro estudio realizado por Conecta para Orange sigue reafirmando los mismos patrones en cuanto a las preferencias acerca de las prestaciones de los móviles por ambos géneros, destacando que los hombres buscan más resolución en las cámaras traseras mientras que las mujeres lo hacen en las delanteras (usada para los *selfies*), señalando además que la mujer busca un móvil ultra fino, con bordes redondeados y pantalla de gran tamaño y los hombres eligen la robustez y los formatos curvos (EP, 20 Julio 2016).

Incluso los propios fabricantes y distribuidores de terminales y complementos son conscientes de las distintas preferencias y demandas de sus públicos, adaptando sus productos a cada uno de ellos. Así, en los últimos años hemos asistido al lanzamiento de terminales dirigidos especialmente a la mujer e incluso fabricantes que especializan su producción en este género.

2.1. El móvil sexuado: terminales para mujeres

Como hemos indicado anteriormente, la propia industria de la telefonía móvil, consiente de la importancia de este nuevo nicho de mercado poco explotado, el de la mujer, está sacando a la venta productos sexuados, destinados exclusivamente al público femenino. En este contexto nacen los terminales especialmente diseñados o adaptados para ella, así como una amplia gama de complementos: fundas, carcasas intercambiables, etc., haciendo especial hincapié en el diseño y los colores como su principal arma de seducción.

Aparecen dispositivos como el Xelibri XE6 de Siemens a finales de 2004 y conocido como "teléfono polvera". Un terminal redondo que al abrirse cuenta con un espejo en su interior. Otras marcas como iPhone, Samsung, Lenovo, HTC o Keecoo Mobile, entre otras, lanzan también productos específicos dirigidos al target femenino o adaptan algunos modelos ya existentes a dicho público. En la tabla 1 se recogen algunos de estos terminales, así como sus características diferenciales que los convierten en un producto destinado para las mujeres.

Tabla 1. Terminales para mujeres.

Marca	Modelo femenino	Lanzamiento en España	Características diferenciales
Siemens	Xelibri XE6	2004	• Espejo en interior para maquillarse. • Forma de polvera.
Siemens	CL75	2005	• Líneas curvas. • Puede usarse como espejo. • Motivos florales. • Con un perfume de Roja Dove y una correa de Escada.
Samsung	SGH-E530	2005	• Colores: rosa lavanda, rosa valentino, blanco chic, azul oasis y naranja festival.
Alcatel	OT-808	2010	• Color rosa brillante. • Ligero.
HTC	Rhyme	2011	• Software que corrige las fotografías. • Colgante que sobresale del bolso y que facilita su localización y se ilumina cuando hay una nueva notificación.

			• Color lavanda.
Samsung	Galaxi Note 3 Blush Pink	2013	• Color rosa rubor.
Lenovo	S820	2013	• Diseño con curvas suaves. • Color rojo.
Keecoo	K1	2016	• Diseño hexagonal. • Software especial para retocar fotos con cámara frontal. • Lámina antibacteriana.
Samsung	Galaxy S7 Edge	2016	• Colores Silver y Pink Gold. • Capaz de hacer *selfies* con nitidez en la oscuridad.
Samsung	Galaxy S8+ SMARTGirl	2017	• Color rosa metálico. • Edición limitada: 7.000 unidades. • Carcasa diseñada por Swarovski.

Fuente: elaboración propia.

Pero junto a estos dispositivos enfocados a la mujer, existen también empresas que se especializan en este nicho de mercado, como Meitu, una compañía china que surge en 2013 y que se caracteriza por fabricar móviles solo para mujeres.

Las adaptaciones más frecuentes se refieren a los colores, así es habitual ver en el mercado móviles con carcasas rosas en sus diversas tonalidades (de pastel a fucsia), lilas o morados... colores tradicionalmente asociados al sexo femenino. De hecho, el rosa se ha convertido en el color de moda de la telefonía móvil, hasta el punto de que las principales marcas incluyen alguna versión en ese tono.

Otro de los aspectos destacados en los móviles dirigidos al sector femenino es la resolución de la cámara frontal (la empleada para los *selfies*), así como la incorporación de un software específico para obtener un mejor resultado en las fotografías.

Sorprenden las propias manifestaciones de los fabricantes como el de Keecoo K1 que justifica su diseño hexagonal como más cómodo para "las pequeñas manos de las mujeres" y se refieren al software de retoque fotográfico como un programa especial para que la piel de la mujer "luzca de maravilla" (Ros, 15 julio 2016).

De este modo la propia industria reproduce los estereotipos de género existentes en la sociedad a través de estos terminales dirigidos al público femenino con el empleo de determinados colores y estampados, diseños en líneas redondeadas y poco angulosas, así como la incorporación de software o aplicaciones que permiten mejores fotografías a las usuarias suavizando las imperfecciones de la piel y cámaras frontales de gran resolución, incluso incluyendo espejos en el propio dispositivo, destacando así la relación tradicional que se establece entre el concepto de belleza y la mujer.

2.2. El smartphone, nuevo complemento de moda

Los teléfonos para mujeres, definidos así por los propios fabricantes, suelen tener diseños especiales, colores o dibujos o algún tipo de función que los hacen atractivos al sexo femenino. Además, en muchos de los casos se trata de productos de mayor calidad, con acabados con cristales o en piel, lo que lógicamente hace que su precio también se eleve considerablemente. De este modo el teléfono móvil deja de ser considerado un aparato que permite comunicarnos y pasa a ser un complemento de moda más, de igual forma que bolsos o gafas de sol.

En este contexto, telefonía móvil, diseño y moda están estrechamente relacionados, especialmente cuando se dirigen al público femenino. Algo de lo que son conscientes las grandes firmas de moda que se unen a las marcas de tecnología móvil para diseñar modelos exclusivos de terminales de edición limitada o complementos para ellos.

Sin embargo, el interés de las marcas por la tecnología no es un fenómeno reciente. Esta tendencia de fusionar moda y tecnología móvil se inicia ya en 2005 con el primer dispositivo lanzado por Versace para Nokia, el modelo Nokia 7270 by Versace, posteriormente fue Dolce & Gabbana con su Liquid Gold RAZR V31, anunciado en diciembre de ese mismo año, pero lanzado en junio del 2006, año en el que se suman a esta moda Roberto Cavalli, Escada, Custo Barcelona, Agatha Ruiz de la Prada y de nuevo Versace, que repite experiencia esta vez con Samsung y su modelo Versus E500. En 2007 continúan las colaboraciones, en este caso de Prada con LG y Giorgio Armani con Samsung entre otros. En cualquier caso, la lista es extensa, de hecho, son muchas las firmas de moda y diseñadores que se alían con las grandes empresas tecnológicas para llevar el *"glamour"* y exclusividad a la telefonía móvil. Así, los fabricantes sacan al mercado terminales diseñados por una u otra marca, repitiendo experiencia en algunos casos o apostando por otras firmas en otros.

Tabla 2.- Terminales de alta gama.

Marca	Firma	Modelo	Año	Características
Alcatel	Miss Sixty	MSX10	2010	• Forma redondeada. • Tonos rosas.
LG	Roberto Cavalli	U8360	2006	• Estampado animal distintivo de la marca. • Edición limitada: 1089 unidades. • Comercializado en Italia y Hong Kong.
	Prada	KE850 Prada	2007	• Unisex. • Venta en boutiques de Prada.
	Versace	Versace Unique	2010	• Acabados en piel y en cerámica. • Pantalla de cristal de zafiro.
	Prada	LG Prada 3.0	2012	• Interfaz de usuario diseñada con conceptos Prada
Motorola	Dolce&Gabbana	RAZR V3i	2006	• Sólo 1000 teléfonos disponibles en el mundo en las tiendas Dolce & Gabbana. • Acabado de oro líquido. • Cada teléfono individualmente numerado.
	Custo Barcelona	Motorola V3	2006	• No se pone a la venta, se distribuye entre los clientes más especiales de la firma. • Personalizado con el estilo de Custo Dalmau.
Nokia	Versace	Nokia 7270	2005	• Edición limitada: 727 unidades.

				• Correa con cristales Swarovski. • Cubierta diseñada por Donatella Versace.
Samsung	Versace	Versus E500	2006	• Espejo en la tapa. • Colores: negro, oro y rosa.
	Giorgio Armani	SGH-P520	2008	• Pantalla táctil.
	Giorgio Armani	B7620	2009	• Color bronce dorado.
	Giorgio Armani	Galaxy S	2010	• Venta en las boutiques de la firma.
Siemens	Escada	SL65	2004/2005	• Tono vaquero y adornado con cristales de Swarovski. • Tres cadenas de plata y perlas. • Logo de Escada con plata y circonitas. • Edición limitada: 7000 unidades.
	Escada	SL75	2005/2006	• Colores: dorado, negro y rosa fucsia en 2006. • Formas redondeadas. • Estuche de cuero negro para la noche. • Correa diseñada por Escada. • Edición limitada: 5.000 unidades.
Sony-Ericsson	Agatha Ruiz de la Prada	Z520i	2006	• Carcasa de la diseñadora.
	Agatha Ruiz de la Prada	Z310i	2007	• Dos carcasas intercambiables de la diseñadora, más otra de color liso. • Fondos de

			pantalla realizados por la diseñadora.
Dolce&Gabbana	Jalou	2009	• Basado en la forma de una joya. • Pantalla que se puede convertir en espejo.

Fuente: elaboración propia.

Se trata en la mayoría de los casos de diseños exclusivos, solo al alcance de algunos bolsillos. Además, muchos de ellos lanzan ediciones limitadas con pocas unidades disponibles, lo que les otorga una mayor exclusividad y eleva considerablemente su precio, a lo que se suma la dificultad añadida de la compra en establecimientos selectos.

De este modo, los fabricantes de telefonía móvil se unen con firmas de moda para que plasmen su estilo en sus dispositivos, aportándoles valor añadido y convirtiéndolos, en algunos casos, en piezas únicas.

Pero esta exclusividad no solo surge de la fusión de fabricantes y firmas de moda, sino que también ambas partes se aventuran por separado a sacar al mercado terminales de lujo. Así Dior, firma de alta gama de moda y belleza, lanza sus propios dispositivos, como el Dior Black Diamond en 2009 y en 2012 el Dior Revier Haute Couture, una edición limitada de 99 móviles cubiertos de oro blanco, con 1.539 diamantes y 46 perlas.

Incluso firmas como la estadounidense Levi's, conocida por sus pantalones vaqueros, que ya había adaptado sus jeans al iPod[14], se asoció con el grupo francés ModeLabs para crear una línea de teléfonos móviles en cinco acabados: bronce, negro y acero cromado para el público masculino y plata brillante y oro brillante para el femenino.

También los propios fabricantes de telefonía lanzan al mercado terminales que sobrepasan los límites del lujo como el Gold Edition Nokia 8800 Phone, recubierto de oro; el Aura Diamond de Motorola, fabricado a mano con oro, diamantes y cristal de zafiro; el Sony Ericsson Diamond VIPN, con dos diamantes y del que se fabricaron solo cinco unidades o las ediciones de lujo de iPhone: el iPhone 4S con 500 diamantes, el iPhone 5 de oro puro y 653 diamantes, el iPhone 6 Amosu Call of Diamond con 6.000

---

14 Levi Strauss lanza en 2006 unos pantalones vaqueros, la línea RedWire DLX, que incorporan un bolsillo especial para iPod con un control remoto desde donde se puede activar la reproducción y poner en pausa el iPod.

diminutos diamantes o el SuperNova Pink Diamond iPhone 6 fabricado en oro y con un enorme diamante rosa.

Pero el mercado del lujo parece no tener límites y existen empresas especializadas en la fabricación de este tipo de dispositivos. Como Vertus, filial de Nokia, enfocada a los teléfonos exclusivos y de diseño, con piezas realizadas a mano y modelos como el Vertus Signature Cobra, con toques de oro y cuero y una cobra esculpida de 439 rubíes, dos esmeraldas y dos diamantes con solo 8 unidades a la venta.

Por otra parte, GoldVish es una empresa suiza especializada también en la fabricación de Smartphones de alta gama tecnológica, con modelos como el Goldvish Eclipse hecho a mano con diamantes y piel de cocodrilo o el Goldvish Le Million del que se fabricaron tres unidades bajo pedido en oro puro blanco con detalles de oro amarillo y cubierto de diamantes.

Sin embargo, la aportación de las firmas a la telefonía móvil no se queda en el diseño de terminales, también se atreven con los complementos, de modo que la industria de la moda se apunta al carro de la personalización de estos, "vistiendo" también a los dispositivos. Así, las carcasas, concebidas en un principio para proteger las pantallas se personalizan con miles de diseños que se adaptan a las preferencias de las usuarias y correas de perlas o cuero dan un toque de *glamour* a los terminales. De modo que "vestir" al móvil se convierte en una tendencia que sigue la moda con marcas como Moschino, Chanel, Dolce&Gabana o Swarovski. Así, el teléfono móvil, complemento de moda también cuenta con sus propios complementos.

De modo que, aunque el teléfono móvil es en sus inicios un aparato que permite comunicarse y efectuar llamadas, no podemos negar que en la actualidad el smartphone se ha convertido en el complemento de moda más preciado.

Así, los móviles desfilan por las pasarelas, mostrándose de forma visible en los bolsos, que se adaptan a los dispositivos con bolsillos especiales para ellos (como los Tyan y Sylvie de Gucci) o en las manos de las modelos, de modo que la telefonía móvil se cuela en la pasarela con la misma naturalidad que lo hace en nuestra vida diaria, incluso se convierte en protagonista a través de las nuevas tendencias y la moda tecnológica con terminales cosidos a la ropa como la falda inteligente elaborada con 80 smartphones Nokia Lumia 1520 de los diseñadores Fyodor Golan presentada en la London Fashion Week de 2014. De hecho, las propias marcas patrocinan desfiles o eventos dedicados a la moda, por lo que la fusión moda-smartphone es total.

Imagen 1. Falda confeccionada con smartphones.

Fuente: La Vanguardia (15/02/2014).

Algo que también reflejan las propias revistas femeninas con titulares como "El accesorio de moda de este otoño es un smartphone" (Enfemenino, 21 de agosto de 2015) o "Un «smartphone» de fondo de armario" (Vogue, 6 de junio de 2016), por nombrar solo dos de los muchos titulares que inundan estas cabeceras en referencia a los smartphones como un complemento de moda que marca tendencias.

3. Objetivos

El objetivo general de la presente investigación es reflexionar sobre la presencia de la telefonía móvil en las revistas femeninas digitales y su vinculación con la moda, analizando si dichos contenidos aparecen relacionados a través de las secciones donde se ubica dicha información y la temática de las noticias.

Como objetivos secundarios se pretende, de un lado un análisis de los terminales con más presencia en estas cabeceras, así como las características destacadas de los mismos, prestando especial atención al color como elemento distintivo en los dispositivos dirigidos al público femenino, así como otra serie de características que lo conviertan en un objeto destinado a la mujer, consumidora mayoritaria de este tipo de publicaciones. De otro, nos detendremos en el análisis de las marcas de lujo asociadas a los smartphones para comprobar si estos productos exclusivos están presentes en las ediciones digitales de estas revistas.

4. Metodología

La metodología empleada para la investigación se basa en la técnica del análisis de contenido, definido por Bardin (1996, p.32) como un conjunto de técnicas para obtener indicadores, cuantitativos y cualitativos, mediante procedimientos sistemáticos y descripción del contenido de los mensajes.

Para ello se ha elaborado una ficha de recogida de datos que se ha ido depurando a posteriori y que reúne información sobre las siguientes variables:

- Localización e identificación: nombre de la cabecera a la que pertenece el contenido analizado, año de publicación, título de la noticia y sección donde se ubica, distinguiendo entre moda, tendencias, belleza, estilo de vida y otros, tras un ensayo previo que nos permitió advertir qué secciones eran las más habituales para los contenidos objeto de la investigación en las revistas analizadas.

- Temática de la noticia: se ha diferenciado entre noticias relacionadas directamente con los smartphones, es decir, cuyos contenidos están centrados al menos en una marca o modelo de un teléfono móvil en concreto; contenidos que versan sobre complementos de los smartphones como cargadores, fundas, auriculares, etc.; aplicaciones para teléfonos móviles (apps), salud y belleza, moda y otras temáticas no recogidas anteriormente.

- En el caso de informaciones relacionadas directamente con la telefonía móvil se ha analizado si se indica o no el precio del terminal o terminales que aparecen. En caso afirmativo el rango de precios en el que se ubica (menos de 100 euros, entre 100 y 200 euros, entre 200 y 300 euros y más de 300 euros); si aparece imagen del terminal o terminales y si están solos o acompañados de la mujer, así como las características que se destacan del producto: color, diseño, cámara (distinguiendo entre frontal y posterior), tamaño de la pantalla, capacidad de almacenamiento, etc. También se ha tenido en cuenta la marca del teléfono, así como los colores del dispositivo, tanto los mostrados en la imagen como los enumerados en el propio texto de la información, distinguiendo entre blanco, negro, rosa, plateado, dorado, morado/lila, estampado o cualquier otro color que no se encuentre entre los recogidos anteriormente.

- También hemos tenido en cuenta si existe o no vinculación del terminal con alguna marca de alta gama y de qué firma se trata.

Finalmente se ha incluido un apartado de observaciones que será de utilidad para elaborar las conclusiones.

4.1. Selección de la muestra y periodo temporal de análisis

El periodo temporal de análisis se ha acotado a los seis últimos años, de 2012 a 2017, periodo que creemos suficiente para obtener resultados que nos permitan analizar la presencia de la telefonía móvil en las revistas femeninas digitales y su vinculación con la moda.

La selección de las cabeceras que componen la muestra responde a criterios de audiencia. Las dos revistas online seleccionadas son las publicaciones femeninas de alta gama que cuentan con mayor audiencia a nivel global, sumando audiencia en soporte papel y en soporte digital. Además, se trata de cabeceras con trayectoria en el mercado, existentes en nuestro país desde los años 80 del siglo pasado, por lo que se ha descartado *¡Hola! Fashion* que es mucho más reciente, surge en 2012. Las revistas seleccionadas han sido *Vogue* y *Elle*.

Tabla 3. Audiencia de revistas femeninas digitales, diciembre 2017.

Cabecera	Audiencia en papel	Audiencia Online	Total audiencia
AR	225.000	76.970	301.970
Clara	161.000	387.981	548.981
Cosmpolitan	470.000	1.497.430	1.967.430
Cuore Stilo	164.000	161.000	325.000
Divinity	430.000	n.d.	430.000
Elle	527.000	3.247.285	3.774.285
Glamour	342.388	1.484.879	1.827.267
Harper´s Bazaar	75.000	646.377	721.377
¡Hola! Fashion	155.000	3.887.149	4.042.149
In Style	81.000	738.690	819.690
Marie Claire	144.000	647.339	791.339

	235.000	396.460	631.460
Mia			
Telva	290.242	2.811.000	3.101.242
Vogue	719.187	2.493.676	3.212.863
Woman MF	182.000	1.864.000	2.046.000

Fuente: Ari 360°.

4.2. Consideraciones previas al análisis de resultados

Previo al análisis se ha procedido a realizar una búsqueda lo más exhaustiva posible de los contenidos vinculados con el objeto de estudio en el periodo establecido para la presente investigación. De este modo, a través de los buscadores de cada una de las webs de las revistas analizadas se han incluido las palabras clave: smartphone y móvil, en singular y plural, así como algunas de las marcas más significativas incluidas en la propia ficha de análisis (Samsung, iPhone, LG, Xiaomi, Huawei, Oppo, Lenovo, HTC, Sony, Nokia, Keecoo), con el objeto de poder abarcar el máximo de entradas posibles relacionadas con la temática que nos ocupa. El resultado ha sido 146 contenidos relacionados con la telefonía móvil entre las dos revistas analizadas y que componen la muestra (*Elle* y *Vogue*) y durante el periodo seleccionado (2017 a 2012).

Por otra parte, conviene señalar que mientras que el buscador de la revista *Elle* ha filtrado mejor las noticias relacionadas con las palabras claves introducidas no ha sucedido lo mismo en el caso de *Vogue*, que ha requerido de un minucioso trabajo de revisión de noticias para descartar aquellas no vinculadas con el tema de la presente investigación.

Además, consideramos que debemos matizar algunos aspectos que ayudarán a entender la investigación y los resultados obtenidos:

1. No se trata de un análisis comparativo entre las cabeceras por lo que los datos que manejamos corresponden a las dos revistas analizadas de forma global.

2. Se han filtrado y descartado del análisis aquellas publicaciones que en su texto o titular tenían alguna referencia a las palabras claves usadas en los buscadores, pero cuyo contenido no versaba sobre la telefonía móvil desde ninguna de las perspectivas analizadas.

3. En algunos casos hemos encontrado informaciones cuya temática podía encuadrase en varios de las categorías establecidas en la ficha de análisis. En dichos casos hemos seleccionado aquella categoría más afín con el objeto de no duplicar resultados.

4. En el periodo que se lleva a cabo el análisis *Elle* cambia su página web, introduciendo nuevas secciones, por lo que algunas de las informaciones analizadas han cambiado en este tiempo su localización. Nosotros mantenemos la localización anterior al cambio que es cuando se realiza la recogida de datos.

5. Resultados

En total se han analizado 146 publicaciones relacionadas con la telefonía móvil. *Vogue* es la revista que más contenidos aporta al análisis con 80 unidades mientras que *Elle* cuenta con 66 publicaciones.

Con respecto al año de publicación, la mayoría de los contenidos corresponden a los dos últimos años (56,85% de todas las publicaciones analizadas). Mientras el menor porcentaje corresponde al 2013, el resto de los años mantienen porcentajes similares.

Gráfico 1. Año de publicación de contenidos.

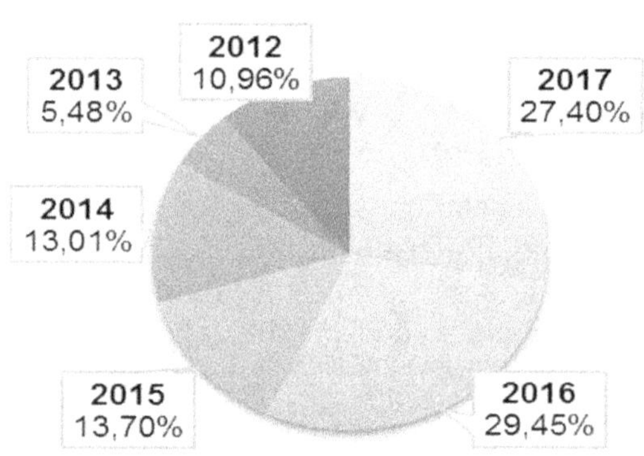

Fuente: elaboración propia.

La sección donde se enmarca la información relacionada con los dispositivos móviles más empleada es la de "Moda". Así el 47,95% de los contenidos se encuentran en dicha sección, y un 5,48% en "Tendencias" que en ambas cabeceras se trata de una subsección de moda, por lo que en términos generales el 53,43% de los contenidos se localizan en "Moda". Un 23,97% se ubican en estilo de vida (denominado *living* por las revistas). El 9,59% restante se encuentra en la sección de "Belleza".

Destacar que *Vogue*, dentro de la sección de moda incluye la subsección "News" en la cual se encuentran buena parte de las noticias analizadas incluidas en dicha categoría.

Gráfico 2. Sección donde se ubican los contenidos.

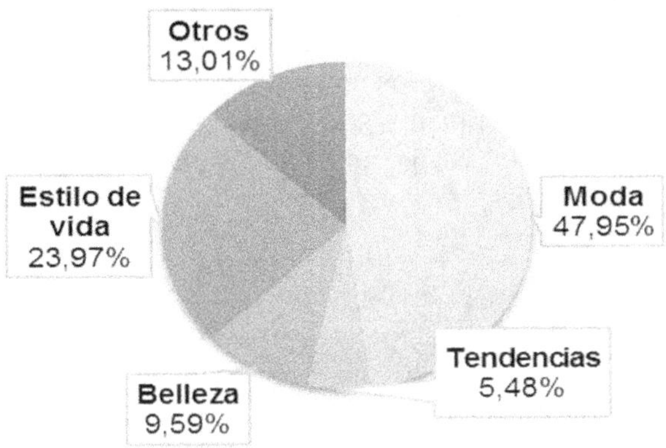

Fuente: elaboración propia.

Por otra parte, la temática de la mayoría de los contenidos está relacionada con aplicaciones (23,97%), smartphones y moda (21,23% en ambos
casos), seguidos de concursos (10,96%), bien patrocinados por alguna
firma de telefonía móvil y/o en los que el premio es uno de los dispositivos
de la marca. Los complementos como carcasas, fundas, etc. solo suponen
el 4,11% de los contenidos, cifra que se encuentra por debajo de las informaciones que podemos encuadrar como centradas en belleza (7,53%),
relacionadas de alguna forma con la salud y el bienestar y fundamental-
mente céntradas en *detox* digital[15].

Gráfico 3. Temática de los contenidos analizados.

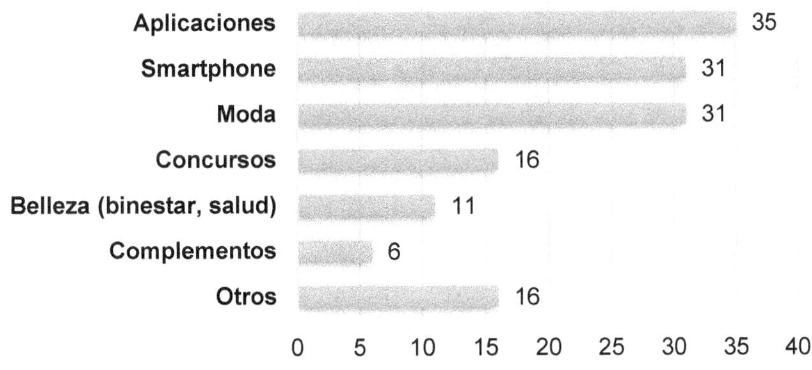

Fuente: elaboración propia.

---

[15] Desintoxicación digital consistente en desconectar y tomarse un respito tecnológico.

Al centrarnos en los contenidos cuya temática gira en torno a los propios dispositivos móviles o smartphone nos encontramos con que se indica el precio de los terminales en un 54,84% de los casos (17 noticias de las 31 cuya temática está centrada en los smartphones). De ellos, en el 76,46% los precios indicados superan los 300 euros, mientras que solo en dos ocasiones, un 11,77% de los casos, nos encontramos dispositivos con precios inferiores a 100 euros.

Tabla 4. Rango de precios de las informaciones sobre móviles que lo indican.

Rango de precios	Nº contenidos	% contenidos
Menos de 100 €	2	11,77%
100-200 €	2	11,77%
200-300 €	0	0%
Más de 300 €	13	76,46&
Total	17	100%

Fuente: elaboración propia.

Además, siempre aparece alguna imagen de un dispositivo, aunque no se trate del modelo al que hace referencia la información ya que en ocasiones está en fase de lanzamiento. En un 27,27% este aparece acompañado de una mujer, que lo sujeta, usa, etc. y en un 72,73% se muestra solo.

Gráfico 4. Imagen que aparece del dispositivo móvil.

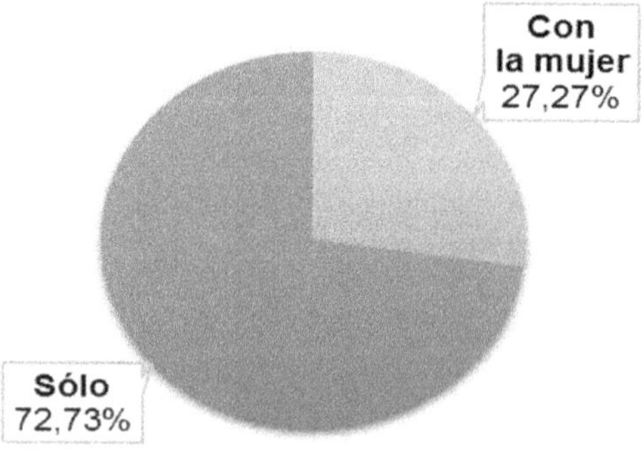

Fuente: elaboración propia.

Entre las características destacadas de los dispositivos en el propio texto de la noticia se encuentra la cámara (17,17%), en la mayoría de los casos sin señalar de cuál de las cámaras se trata, si posterior o frontal. En un

9,09% de las ocasiones sí se especifica que se trata de la cámara frontal, la utilizada para los *selfies*.

El tamaño de la pantalla también es tenido en cuenta en un 15,15% de los casos, así como el diseño y el color que se destaca en un 14,14% y 13,13% respectivamente. Otros aspectos destacados en el propio texto de la noticia son la capacidad de almacenamiento (5,05%), la rapidez de su procesador (5,05%), resistencia a golpes (5,05%), la duración de la batería (4,04%), su peso (4,04%) así como la resistencia al agua (2,02%), la seguridad que ofrece el reconocimiento por huella dactilar (2,02%), la potencia del flash para hacer fotos con poca luz (2,02%) y la exclusividad de las ediciones limitadas (2,02%).

Tabla 5. Características destacadas del teléfono móvil.

Características destacadas	Nº	%
Cámara frontal	17	17,17
Pantalla	15	15,15
Diseño	14	14,14
Color	13	13,13
Cámara posterior	9	9,09
Procesador/rapidez	5	5,05
Resistencia/dureza	5	5,05
Capacidad de almacenamiento	5	5,05
Ligero	4	4,04
Batería (duración)	4	4,04
Flash	2	2,02
Resistencia al agua/inmersión	2	2,02
Exclusividad (edición limitada)	2	2,02
Reconocimiento huella dactilar	2	2,02

Fuente: elaboración propia.

El color más destacado, bien a través de la imagen del teléfono o en el propio texto es el negro, en un 26,47% de las ocasiones, seguido en partes iguales de blanco y rosa, que suponen un 17,65% de los casos cada uno. Dorado y plateado son destacados en un 13,24% y 10,29% respectivamente. Por último, aparecen otros colores como el azul o rojo (para un terminal solidario contra el SIDA). También tres casos en los que el terminal tiene un estampado floral y que se corresponde en todas las ocasiones con el mismo modelo que presenta una carcasa estampara con cristales de Swarovski.

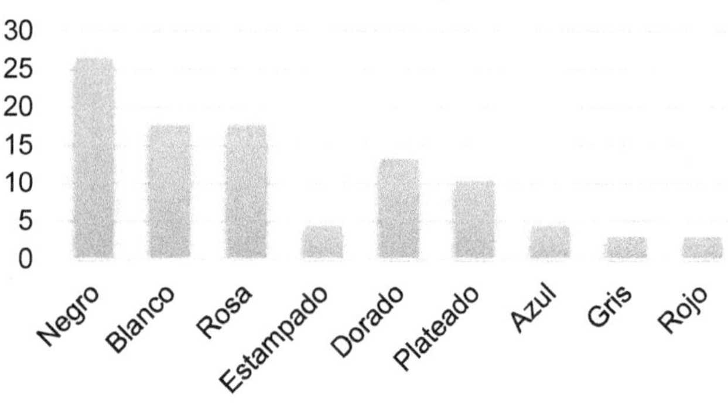

Fuente: elaboración propia.

La marca y modelo de los dispositivos de los que se habla en la información también aparece reflejada en todas las ocasiones analizadas. iPhone es el teléfono que más aparece en un 30,91% de las ocasiones, seguido de Samsung (14,55%) y Huawei (5,45%). Sin embargo, estos datos requieren de una lectura detallada ya que estas dos últimas firmas están también presentes de forma velada en muchos de los contenidos relacionados con moda y no directamente con los smartphones. Por ejemplo, existen varios contenidos de Samsung relacionados con el concepto de smartgirl, en referencia a su modelo Samsung Galaxy S8+ SMARTgirl, así como contenidos sobre la Mercedes-Benz Fashion Week Madrid (MBFWM) en la que participa esta misma marca a través de Samsung EGO, una plataforma para jóvenes talentos de moda. O la Vogue Fashion Night Out (VFNO) en la que Huawei adquiere gran protagonismo a través de distintos concursos de fotografía.

Tabla 6. Modelos de teléfonos móviles aparecidos en las noticias analizadas.

Marca	Nº	%
iPhone	17	30,91
Samsung	8	14,55
Huawei	3	5,45
Motorola	3	5,45
ZTE	3	5,45
LG	2	3,64
Lenovo	2	3,64
Nokia	2	3,64
Alcatel	2	3,64

Meizu	2	3,64
Google	2	3,64
Microsoft	2	3,64
Asus	2	3,64
MyWigo	1	1,82
Honor	1	1,82
BQ	1	1,82
Xiaomi	1	1,82
Savelli	1	1,82

Fuente: elaboración propia.

En relación con la vinculación de los smartphones con firmas de alta gama, encontramos un porcentaje minoritario, solo un 12,90% de los casos, lo que en términos absolutos son 4 contenidos, 3 de ellos en los que se establece una relación con Swarovski y uno en el que el dispositivo es un terminal de la firma de lujo Savelli.

6. Conclusiones y discusiones

En los últimos años las versiones digitales de las revistas femeninas incorporan entre sus contenidos informaciones relacionadas con la telefonía móvil, bien sea centradas en los propios aparatos o en aspectos relacionados directamente con ellos como aplicaciones, complementos o contenidos relacionados con la salud.

La mayoría de los contenidos analizados se ubican en la sección de moda, lo que ayuda a reforzar la afirmación de que telefonía móvil y moda son actualmente dos conceptos inseparables. Las revistas femeninas así lo creen y lo reflejan en los contenidos de sus versiones digitales.

Además, el smartphone se convierte en protagonista de los propios contenidos ya que en todas las ocasiones aparecen imágenes y fotografías y en la mayoría aparece solo, como la gran "estrella" de la información, a la que no se trata de forma anónima sino con nombres y apellidos, identificando marca y modelo. Y aunque no todos los fabricantes de dispositivos tienen la misma presencia en las ediciones digitales de las revistas analizadas, destacan sensiblemente iPhone y Samsung junto a Huawei.

Por otra parte, en los propios contenidos se refleja la presencia de dispositivos sexuados, de modo que las propias cabeceras refuerzan los estereotipos de género al dar cabida a terminales donde lo más importante es la resolución de la cámara, el tamaño de la pantalla, el diseño y el color del terminal, ratificando que las preferencias femeninas difieren de las masculinas en cuanto a las características que demandan en un smartphone. Algo que las propias cabeceras refuerzan con expresiones como "Los colores serán blanco, negro, dorado y para la felicidad de algunas féminas, ¡el rosa!" (*Elle*, 9 de mayo de 2015).

Finalmente, aunque no se ha podido establecer una estrecha vinculación con las firmas de alta gama, los dispositivos que aparecen en los contenidos analizados superan en la mayoría de los casos los 300 euros de precio de venta al público.

De este modo podemos concluir que a través de estas revistas se muestra a una mujer que valora el móvil como un accesorio de moda más y que además lo convierte en símbolo de estatus. Así, el smartphone se ha convertido en un complemento de moda. Ahora ya no solo hay que combinar un vestido con los zapatos y el bolso sino también con el dispositivo móvil.

> Los accesorios de moda se han vuelto tecnológicos y el smartphone ya se ha convertido en la pieza fundamental de esta tendencia estelar. No hay presente, ni futuro viable alejados del dispositivo imprescindible. Este, como una prenda más, adopta las tendencias de la temporada y así, las fluidas líneas del Samsung Galaxy S7 Edge se tiñen de los nuevos tonos Silver y Pink Gold para mimetizarse con el look galáctico del verano. (*Vogue*, 6 de junio de 2016)

La telefonía móvil no solo ha revolucionado nuestro día a día, sino también el mundo de la moda, colándose en pasarelas y obligando a las lectoras de estas publicaciones a "vestir" los dispositivos para conjuntarlos con los estilismos que lucen en cada ocasión.

Referencias bibliográficas

Aguado, J. M. y Martínez, I. J. (2008). *Sociedad Móvil: tecnología, identidad y Cultura*. Madrid: Biblioteca Nueva.

Almansa-Martínez, A., y Gómez de Travesedo-Rojas, R. (2017). El estereotipo de mujer en las revistas femeninas españolas de alta gama durante la crisis. *Revista Latina de Comunicación Social*, (72), 608-628. Recuperado de https://goo.gl/SzYrwy

Armentia Vizuete, J. I., Ganzabal Larreta, M. y Marín Murillo, M. F. (2011). La perspectiva de género en las ediciones digitales de las revistas femeninas y masculinas españolas. En *Comunicación y desarrollo en la era digital. Congreso AE-IC 3, 4 y 5 de febrero de 2010*. Recuperado de https://goo.gl/c6hzuX

ARI (2017). *Informe ari 360º. Informe de audiencia de revistas*. Recuperado de https://goo.gl/Mv5NpM

Bardin, L. (1996). *Análisis de contenido*. Madrid: Akal.

Cabello García, F. (1999). *El mercado de las revistas en España. Concentración informativa*. Barcelona: Ariel.

Ditrendia (2017). *Informe Mobile en España y en el Mundo 2017*. Recuperado de https://goo.gl/ypS8Gf

EP (14 de abril de 2010). Los hombres pasan de los SMS y la cámara de su teléfono móvil. *SER*. Recuperado de https://goo.gl/ecE2Ac

EP (20 de julio de 2016). A la hora de elegir un smartphone, los hombres y mujeres tienen sus propias preferencias. *El Mundo*. Recuperado de https://goo.gl/TWRdkP

Fernández, M. C. S., y Alcalde, J. B. F. (2015). No, sin mi móvil. Diferencias de género y uso de las nuevas tecnologías. *Icono14, 13*(1), 208-246. Recuperado de https://goo.gl/2PpEjU

Gallego Ayala, J. (1990). *Mujeres de papel: de Hola! a Vogue: la prensa femenina en la actualidad*. Madrid: Icaria Editorial.

Ganzabal Learreta, M. (2006). Nacimiento, remodelación y crisis de la prensa femenina contemporánea en España. *Revista latina de comunicación social, 9*(61). Recuperado de https://goo.gl/XfLVdd

Ganzabal Learreta, M. (2007). La inevitable presencia de las revistas femeninas de alta gama en la red. En *Presente y futuro de la comunicación digital*. (pp. 69-80). Recuperado de https://goo.gl/ZZ5goY

García-Adán, C. (21 de agosto de 2015). El accesorio de moda de este otoño es un smartphone. *Enfemenino*. Recuperado de https://goo.gl/zJ1EYd

Martínez Martínez, I. J., Aguado Terrón, J. M., y Tortajada Giménez, I. (2009). Movilizad@ s: mujer y comunicaciones móviles en España. *Feminismo/s, 7*(14), 15-34. Recuperado de https://goo.gl/icdThq

Pérez Herrero, P. y Garrido Rodríguez, M. (2006). Antropología del periodismo. La observación no participante en una revista de alta gama. *Comunicación y pluralismo,* (1), 99-125.

Ros, I. (15 de julio de 2016). Así es el Keecoo K1, un "smartphone para mujeres". *My Computer*. Recuperado de https://goo.gl/QJVFZP

Sánchez-Carbonell, X., Beranuy, M., Castellana, M., Chamarro, A., y Oberst, U. (2008). La adicción a Internet y al móvil: ¿moda o trastorno? *Adicciones*, *20*(2). Recuperado de https://goo.gl/kH8ujd

Torres, R. (2007). Revistas de moda y belleza: el contenido al servicio de la forma bella. *Ámbitos*, (16), pp. 213-225. Recuperado de https://goo.gl/sVKp8G

La introducción de las transmisiones streaming en la Cátedra de Comunicación Multimedia. Estudio de un caso en la Universidad de Guayaquil

MSc. Ingrid Viviana Estrella Tutivén
Universidad de Guayaquil, Ecuador
MSc. Víctor Hugo del Pozo Raymond
Universidad de Guayaquil, Ecuador
MSc. Guadalupe María Vernimmen Aguirre
Universidad de Guayaquil, Ecuador

Resumen

La cátedra de Comunicación Multimedia llegó en 2014 a la Facultad de Comunicación Social de la Universidad de Guayaquil, ante la urgente necesidad de educar a los alumnos en las nuevas tecnologías de la comunicación que son utilizadas en el periodismo moderno: el periodismo digital. La exigencia en el campo laboral urgía a los líderes de la facultad a desarrollar una nueva malla curricular que contemplase asignaturas profesionalizantes, que den a los egresados competencias y habilidades enmarcadas en esta área. La tarea fue encargada a la máster Ingrid Estrella, por su experiencia como periodista. Tras elaborar el primer sílabo de esa materia, la docente se vio en la necesidad de lograr que sus alumnos no solo aprendieran la teoría sino que la pusieran en práctica. Por ello creó el periódico digital Diario Tu Voz, donde los estudiantes publican sus trabajos de investigación basados en problemáticas sociales. Sus reportajes de profundidad son plasmados en diferentes herramientas digitales. Pero es la incursión de las transmisiones en vivo, usando sus celulares y plataformas streaming como Facebook Live, lo que ha permitido que los alumnos tengan una experiencia real y acorde a la profesión que van a ejercer en un futuro cercano. Con una encuesta aplicada por la docente a los alumnos de tres paralelos del quinto semestre, y a través de un software que arroja estadísticas de perfiles de Facebook, se comprobó que la práctica de transmisión en línea fue la más popular entre los estudiantes y la más enriquecedora para la cátedra.

Palabras claves: Periodismo Digital, Comunicación Multimedia, Diario Tu Voz, Streaming, Universidad de Guayaquil

1. Introducción

1.1. Historia del internet en el periodismo ecuatoriano

El internet irrumpió en las redacciones de los medios de comunicación de Ecuador a inicios del siglo XXI. Era una herramienta totalmente nueva y estaba revolucionando el mundo periodístico. Así lo registran investigadores como Larrea, Rivera & Marín (2014), para quienes "las transformaciones del periodismo han colocado a Internet como paradigma de la comunicación total" (p.2).

Otros autores, como Mónica Hinojosa Becerra, explican que las nuevas tecnologías de la información mutaron el modelo de comunicación tradicional a uno donde la audiencia se convirtió en prosumidora (productora y consumidora) de contenidos. "En este escenario, el periodista puede acceder a un espacio que le permite la interacción con su público y además la producción multimedia" (Hinojosa, Robayo & Maldonado, 2016, p. 16).

Sin embargo, al inicio en Ecuador no todos los reporteros tenían el privilegio de usarlo. Los elegidos eran los editores y directores, quienes gozaban de esas concesiones, por su naturaleza de líderes.

Para los de menor jerarquía, es decir, los reporteros solo quedaban los conocidos como "cables", que eran los informes enviados continuamente, minuto a minuto, por las diferentes agencias de noticias (EFE, Reuters, AP, AFP). Ese era, hasta ese momento, el único respaldo en el que podían apoyar sus informes, sobre todo de noticias internacionales.

Y así como el internet comenzaba a ser parte de la vida de los periodistas, los teléfonos celulares también empezaban a abrirse paso. Como se cita en Hinojosa et al., (2016), Ramón Salaverría (2015) dice que "el smartphone se ha convertido en el instrumento a través del cual se desarrolla el periodismo móvil, y una herramienta importante para los medios de comunicación con multiplataformas y redacciones digitales e integradas" (p.66).

Los primeros celulares que aparecieron en las redacciones eran los enormes Motorola, al que muchos llamaban "raspa-hielo", por su similitud física con los aparatos que utilizaban los artesanos que venden refrescos y helados.

Los teléfonos inteligentes comenzaban así a desplazar a los hasta ese entonces populares mensáfonos, beepers o "buscapersonas", dispositivos electrónicos que tenían la forma de una cajita rectangular con una pantalla digital, donde se reflejaban los mensajes de textos. Funcionaba así: la persona que deseaba localizar a alguien que lo portaba, hacía una llamada a la empresa prestadora de ese servicio, para que esta a su vez envíe un mensaje al portador del beeper. Era todo un proceso donde había un emisor, receptor, canal, y mensaje, más un elemento adicional, la empresa que brindaba el servicio y que hacía las veces de intermediaria (Bellis, 2017).

La grabadora de voz también era un elemento indispensable en la mochila o cartera de los periodistas de fines de siglo XX. Las primeras eran muy grandes y pesadas. Luego salieron las medianas, que al igual que sus antecesoras utilizaban un casete grande de cinta magnetofónica que se reutilizaba hasta que se arrancaba de tanto uso (López Micó, 2013).

El casete grande dio paso a los compactos o minicasetes, que trabajaban con grabadoras pequeñas, más livianas, que concordaban con la tendencia minimalista por la que caminan todos los ámbitos de la tecnología. Sin embargo, los minicasetes eran más de lo mismo: cintas magnéticas reutilizables que se dañaban con el paso del tiempo.

No obstante, con la aparición de la digitalización tecnológica, el panorama cambió para el mundo y también para los reporteros. Aparecieron las grabadoras digitales que ya no requerían casete. Pero estas no duraron mucho, porque al poco tiempo aparecieron los smartphones, que dieron un vuelco a la manera como hasta ese momento se hacían las coberturas periodísticas. Becerra et al., (2016) lo resumen así: "Un smartphone provee al periodista conexión a la Red, aplicaciones y herramientas digitales, le presenta un escenario de trabajo con posibilidades ilimitadas" (p. 66).

Con los teléfonos inteligentes llegaron cientos de herramientas de las que ahora disponen los comunicadores: digitales, virtuales y en línea, que enriquecen la labor periodística.

Entre ellas se pueden anotar las múltiples aplicaciones para grabar voces, que han sido creadas para ser descargadas en los celulares y ahorrarles a los periodistas el dilema de tener que llevar una grabadora adicional. Y para que el celular no se sature y se ralentice también han sido creados los portales donde se almacenan, comparten y descargan audios, sonidos y música en formato MP3 (podcast), allí se pueden guardar todas las entrevistas que los periodistas realicen de manera ilimitada, de ser el caso.

El internet también ha modificado el trabajo de los periodistas de televisión. A las transmisiones vía microonda y satelital les está ganando terreno la transmisión en línea, vía streaming, a través de herramientas como Live-U (televisión en directo apoyada por telefonía móvil) o hasta celulares o tabletas, según sea el caso.

Prueba de ello es la cobertura multimedia que hizo la prensa ecuatoriana durante la visita del Papa Francisco al país, en el año 2015. Varios periodistas que realizaban el seguimiento al Sumo Pontífice hicieron enlaces con sus celulares, a través de plataformas streaming (Ecuador Inmediato, 2015), especialmente Periscope, aplicación que luego fue desplazada por Facebook Live.

Ni qué hablar del uso de las redes sociales por parte de los periodistas y lo indispensables que estas se han convertido en el desarrollo de su jornada diaria. Eso es digno de un estudio aparte, muy concienzudo.

Esta revolución multimedia, paralela a la evolución que están experimentado los medios tradicionales y las agencias de noticias (cables), parecía amenazar la existencia de estos últimos. Sin embargo, ha sido todo lo contrario, las redes sociales y herramientas digitales están siendo de gran utilidad para la labor periodística. Y son recursos que están a disposición de quien tenga acceso a internet, es decir, miles de millones de personas en el mundo. Según cifras arrojadas en el año 2016 por la Unión Internacional de Telecomunicaciones, (ITU por sus siglas en inglés), el organismo especializado de las Naciones Unidas para las tecnologías de la información y la comunicación (TIC), hasta ese año había 3.500 millones de personas que usaban internet; dos millones correspondían a los países en vías de desarrollo y mil millones, a los países desarrollados.

El mismo informe de la organización indica que "la cobertura telefónica móvil es ya prácticamente ubicua, con aproximadamente 95% de la población mundial, o 7.000 millones de personas, que viven en una zona cubierta por una red móvil celular 2G básica" (Unión Internacional de Telecomunicaciones, 2016).

El internet, de esta manera, se convierte en el mejor aliado de los profesionales del periodismo, porque le dan la mano para realizar su tarea y cumplir su compromiso con la sociedad de manera responsable, con mayor rapidez y eficiencia. Sin embargo, este escenario los obliga a estar en permanente capacitación multimediática, a reinventarse continuamente, como lo explica Ramón Salaverría:

> Así como se reclama una regeneración de las organizaciones periodísticas, también sus profesionales están necesitados de una profunda modernización. No se pueden gestionar medios del siglo XXI con rutinas profesionales del XX. Y hoy día muchos periodistas perpetúan procesos de trabajo y mentalidades profesionales ancladas en un tiempo pasado. Sorprende que tantos periodistas, a pesar de estar acostumbrados por su trabajo a enfrentarse con lo más novedoso, sean al mismo tiempo tan refractarios a renovar sus propios modos de trabajar. (Salaverría, 2015, p. 81)

1.2. Aparición de los medios digitales en Ecuador

Tal como sucedió en otras partes del mundo, en la década de los noventa en Ecuador comenzaron las primeras migraciones de los diarios impresos al internet. El pionero en el país y uno de los primeros en Latinoamérica en tomar esa iniciativa fue Diario Hoy, en el año 1994. Luego se sumaron otros medios como Diario El Comercio y Diario La Hora (Larrea et al., 2014). Sus primeras apariciones en la web se limitaban a ser una mera réplica de sus ediciones impresas y colocar unos que otros links que dirigían a las diferentes secciones. La fuerte tendencia arrastró a otros medios importantes a internet, como Diario Expreso y Diario El Universo, dos de los más importantes del país, que comenzaron una carrera por desarrollarse digitalmente y fueron de los primeros en crear sus redacciones digitales, paralelas a las redacciones para el periódico impreso. Contrataron desarrolladores webs, infografistas, ingenieros en sistemas y todo un equipo multimedia para intentar equiparar sus portales digitales al mismo nivel que sus pares de los países desarrollados. Sin embargo, el contenido principal para la web era generado por los periodistas de la redacción del diario impreso. Tan solo contrataron estudiantes universitarios o recién graduados de periodismo para que se encargaran de alimentar el portal con información fresca que extraían de las redes sociales, agencias de noticias u otros medios digitales. Es decir, no había una verdadera conformación de un equipo periodístico, destinado a generar contenido únicamente para la versión digital del periódico. Aún más, los editores en jefe también venían de las versiones impresas. Así lo explican dos importantes periodistas, Buitrón y Astudillo, en su libro *Periodismo por dentro*:

> [...] Un problema actual para la mayoría de los periódicos digitales en Ecuador es que sus editores no logran despojarse de la influencia y el lenguaje de los diarios impresos que los alimentan de noticias, en especial [...], cuando ambos pertenecen a la misma empresa periodística. (Buitrón & Astudillo Campos, 2005, p. 105)

Esta revolución generada por internet en el mundo periodístico obligó a estos profesionales, no nativos digitales, a embarcarse en esta vertiginosa corriente y obligarse a autoeducarse en el manejo de las nuevas tecnologías de la información y comunicación. Los periodistas de prensa escrita tuvieron que comenzar a utilizar las aplicaciones de sus teléfonos inteligentes y hasta muchos fueron obligados por sus empleadores a tomar fotografías y videos para ser utilizados en los portales digitales de los diarios. Igual situación vivieron los trabajadores de las emisoras radiales, quienes dejaron los *walkie talkie* para incorporar los celulares en sus jornadas diarias; y aprendieron a usar programas de edición de audio. De su lado, los periodistas de la televisión se vieron obligados a dejar de realizar sus reportajes en editoras lineales y a aprender a utilizar softwares de edición no lineal como AVID Xpress, Adobe Premiere, Final Cut y muchos otros programas diseñados para la edición de videos.

Muchos periodistas aprendieron, de buena o mala gana. Otros, especialmente los más antiguos, sucumbieron al embite y se despidieron de los medios.

Pese a todo esto y a la poca preparación que tienen los periodistas ecuatorianos respecto a las herramientas multimedia, el crecimiento de los medios digitales en el país ha sido exponencial, imparable.

> Entre los años 1997 y 2000, el número de ciberdiarios ecuatorianos pasó de siete a trece. En el 2008, de acuerdo a información de la WAN (World Association of Newspapers, World Press Trends 2009), 22 diarios de 35 estaban en la Web, es decir el 62,9%. (Larrea et al., 2014, p. 7)

Un estudio más reciente, realizado en abril de 2015 por Fundamedios (Fundación Andina para la Observación y Estudio de Medios) reveló que en Ecuador hay 60 diarios nativos digitales (Fundamedios, 2015).

De su parte, el Consejo de Regulación y Desarrollo de la Información y Comunicación del Ecuador (Cordicom), en su informe de 2017 sobre el Registro de Medios, dio a conocer que hasta esa fecha se habían registrado 78 medios informativos digitales, lo cual no quiere decir que esos sean todos los que hay en territorio ecuatoriano, por lo que el proceso de registro continúa abierto (Cordicom, 2017).

1.3. Internet empuja a las facultades de comunicación al desarrollo de nuevas competencias profesionales. Caso Universidad de Guayaquil

Este panorama en el mundo laboral periodístico significó una nueva exigencia en el campo de las competencias que los aspirantes a comunicadores sociales debían desarrollar en las aulas universitarias. Pero, las instituciones de educación superior de Ecuador no estaban preparadas para ello, tal como ha pasado en otros países. Siendo así, el sistema de educación ecuatoriano se enfrentaba a un nuevo reto y era su obligación adaptarse pronto a los cambios, puesto que "la contribución de las universidades a la formación a lo largo de toda la vida exige mejorar los servicios y diversificar la oferta de formación buscando destinatarios distintos y combinando contenidos y métodos de enseñanza" (Cebreiro & Fernández, 2003, p. 61).

Gutiérrez & Tyner, (2012) explican que los actuales "sistemas educativos siguen capacitando a los estudiantes para desarrollarse como personas y ciudadanos en una sociedad que ya no existe" (p. 32).

Bien cabe decir, entonces, que el periodista moderno, el que lanzan al mercado laboral las universidades debe reunir características adicionales a las que debían poseer los periodistas tradicionales. Ya no solo basta con ser un virtuoso de lenguaje y dominar las herramientas de la comunicación, ya no es suficiente con tener "olfato periodístico" o reunir conocimiento general o específico del tema a investigar. Ahora el periodista debe ser una especie de *geek* [16] si es que quiere ser realmente competitivo.

Para Rivera & Yahuache, (2012) "la aparición de Internet como medio de comunicación ha dado paso a definir un nuevo perfil profesional del periodista, caracterizado por el uso de renovadas técnicas como la hipertextualidad, multimedialidad y la interactividad" (p. 2).

Elías Said (2010), en su estudio *El docente ante el avance del ciberperiodismo en Colombia*, señala varias competencias que el periodista moderno debe poseer:

1. La capacidad de adaptar su locución a cada circunstancia informativa;
2. La capacidad documentalista;
3. Conocimientos informáticos;
4. Capacidad de empleo de soportes digitales heterogéneos;
5. Capacidad de construir relaciones comunicativas horizontales con los usuarios (lectores);
6. Capacidad de investigación a través de soportes tradicionales y digitales;
7. Capacidad de desarrollo de reportería multifuentes;
8. Capacidad de desarrollo de canales más dinámicos de feedback con usuarios (lectores);
9. Capacidad de actualización de contenidos en tiempo real;
10. Capacidad de redacción de contenidos, atendiendo a la heterogeneidad de los lectores;
11. Conocimiento y capacidad de uso de recursos multimedia.

Dichas competencias se centran sobre todo en el dominio que debe tener el periodista de las herramientas que el internet y las TIC ponen a su disposición para realizar su trabajo diario.

Vista esta situación y tal como ha sucedido en otras partes del mundo, las facultades de periodismo han tenido que modificar sus mallas curriculares para incluir en ellas nuevas asignaturas que respondan a esta urgente necesidad de preparar a los futuros periodistas. El gran problema es que los docentes no están preparados para enseñar estos contenidos, que se actualizan con la misma velocidad con la que avanza la tecnología en el mundo. Porque, "para lograr educar adecuadamente al nuevo comunica-

---

[16] Es un anglicismo que se utiliza para referirse a la persona fascinada por la tecnología y la informática.

dor, hace falta preparar a los docentes, responsables directos de la formación" (Rivera & Yahuache, 2012, p. 3).

Un estudio realizado en las facultades de Comunicación Social de Colombia reveló que los docentes encuestados no fueron capaces de reconocer:

1) La incidencia que tendrá la dinamización de un nuevo modelo comercial y profesional, ante el auge de los medios digitales desde internet; y 2) la incidencia que tiene su labor pedagógica en la formación de estos profesionales, en aspectos vinculados con el fomento del hábito de uso de las TIC y de una cultura digital en estos. (Said, 2010, p. 41-42)

Frente a este dilema también se encontró la Facultad de Comunicación Social de la Universidad de Guayaquil, en Ecuador. Por eso, a inicios del año 2014, las autoridades vieron la necesidad de reformar el pensum académico de la facultad e incorporar al mismo nuevas asignaturas que respondan a las necesidades del mercado laboral y que le abran puertas de trabajo a los estudiantes que en esas aulas se iban a formar.

Una de esas materias fue Periodismo Digital, que en cuarto semestre sería la base para otras asignaturas que se verían en los siguientes ciclos: Comunicación Multimedia 1 y Comunicación Multimedia 2. Para ello, era imprescindible hacer un análisis previo de las necesidades que había en el campo laboral e identificar las herramientas digitales y competencias que los periodistas tenían que dominar para desenvolverse mejor en su campo. De allí se estructuraría un sílabo, cuyas unidades reflejarían la respuesta a las necesidades encontradas.

La tarea recayó sobre MSc. Ingrid Estrella, quien luego de haber trabajado tres años en Diario Expreso y cerca de 14 años en Ecuavisa (dos medios de cobertura nacional), tenía ahora la tarea de desarrollar esta nueva materia, en base a un análisis previo donde la observación de campo jugaba un papel fundamental. La docente cumplió con la encomienda y estructuró el sílabo, cuyas principales unidades fueron los siguientes:

1. Historia de internet. La transición del periodismo tradicional al digital

2. Perfil y competencias del periodista digital

3. Redacción periodística en Internet

4. Herramientas digitales on line

La asignatura comenzó a dictarse desde el segundo semestre del período 2014-1015 y la misma docente fue designada como maestra de esa materia, en la jornada vespertina.

Su conocimiento y experiencia en el campo laboral pudo plasmarlo no solo en el sílabo sino también en las aulas, donde -junto a su primer grupo de periodismo digital- crearon el portal "Diario Tu Voz" (www.diariotuvoz.com), un periódico donde los alumnos comenzaron a realizar prácticas de reporterismo direccionado a los problemas sociales que afectan, sobre todo, a la ciudad de Guayaquil, aunque también se han abordado problemas de ciudades aledañas.

Entre el cuarto y el quinto semestre, los alumnos de la Facultad de Comunicación Social de la Universidad de Guayaquil (FACSO) aprendieron a dominar herramientas para contar historias (storytelling tools), muchas de ellas puestas a disposición de plataformas que tienen versiones gratuitas u otras que han sido diseñadas específicamente para ser usadas por periodistas, como las desarrolladas por Knight Lab, el laboratorio de periodismo digital de la Northwestern University, de los Estados Unidos.

Entre las herramientas que los estudiantes aprendieron a usar están:

1. Playbuzz (plataforma de publicación en línea para aportar contenido en formatos interactivos como encuestas, concursos, listas, fragmentos de vídeo, presentaciones de diapositivas, y cuentas regresivas).

2. Herramientas de Knight Lab (Storymap, Timeline, Soundcite, Juxtapose)

3. Herramientas de edición audiovisual en línea: Showbox, Youtube editor (aunque desde septiembre de 2017 ya no está funcionando), etc.

4. Herramientas streaming para transmisiones en vivo: Meerkat (la aplicación expiró en septiembre de 2016), Periscope y Facebook Live.

5. Herramientas para hacer infografías: Infogram y Canva

Las usaron para contar a la comunidad el resultado de sus investigaciones periodísticas en temas que preocupan a la sociedad. Realizaron sus investigaciones divididos en grupos, una metodología de aprendizaje colaborativo, que desde el principio de la cátedra dio buenos resultados, tal como lo plantean García-Valcárcel, Basilotta & López, (2014):

> Las metodologías de aprendizaje colaborativo implican el trabajo en equipo de los estudiantes. Se pueden utilizar diversas estrategias para que los alumnos trabajen conjuntamente con objeto de lograr determinados objetivos comunes de los que se deben responsabilizar todos los miembros del equipo. El aprendizaje colaborativo se cimienta en la teoría constructivista desde la que se otorga un papel fundamental a los alumnos, como actores principales de su proceso de aprendizaje. (p. 66)

1.4. Las transmisiones streaming, un acercamiento práctico al periodismo real

De todas las herramientas utilizadas durante el trabajo de enseñanza-aprendizaje de la asignatura, las que tuvieron mayor popularidad entre los estudiantes fueron las aplicaciones streaming para hacer transmisiones en vivo.

Aramberri explica que el término streaming se usa para definir productos y técnicas "cuyo objetivo es la difusión de contenidos multimedia tales como audio y video". Añade, además, que la característica principal de este sistema es "la visualización de los contenidos en el cliente sin la necesidad de esperar la descarga completa de un fichero" (Aramberri & Lasa, 2007, p. 1).

Rijo cree que el sistema streaming es el ideal para el envío y recepción de contenidos audiovisuales, puesto que no se almacena en la computadora del usuario, lo que lo alivia de saturar la memoria de su PC o laptop, o de contaminarse con peligrosos virus.

> El método ideal para enviar medios sería generar un flujo de video (video stream) a través de Internet desde el servidor al cliente en respuesta a una solicitud del mismo. El cliente reproduce el flujo entrante en tiempo real, a medida que va recibiendo los datos. (Sciara, 2004, p. 4)

Las herramientas streaming fueron usadas en las cátedras de Periodismo Digital y Comunicación Multimedia 1, desde el inicio en que se añadieron a la malla curricular.

Los alumnos primero hicieron sus prácticas con la desaparecida aplicación Meerkat, que trabajaba ligada a Twitter, red social que anunciaba a los seguidores de tal usuario que éste estaba realizando una transmisión en vivo. Sin embargo, cuando Twitter compró su propia plataforma *streaming*, Periscope, le quitó a Meerkat todos los privilegios que antes le había dado. De esta manera, Meerkat fue sacada del mercado a fines de septiembre de 2016. Tan solo había durado un año y siete meses.

Luego, las prácticas se realizaron en Periscope, pero por poco tiempo, porque ese mismo año, 2016, Facebook lanzó su propia plataforma *streaming*, Facebook Live, que dejó en el camino al resto. De esta manera, las prácticas del 2017 se realizaron en Facebook Live (a través del perfil de Diario Tu Voz), plataforma que al igual que Periscope, permite emitir comentarios y reacciones (emojis) en directo. Además, cuando la transmisión en tiempo real ha terminado, el video queda colgado en el muro del propietario del perfil, para que lo vean en diferido las personas que lo deseen, indefinidamente. La plataforma también entrega al dueño de la cuenta un código embed (iframe) para que el video pueda ser incrustado en un blog o página web. De esta manera, los alumnos pudieron incrustar los videos de sus transmisiones en vivo, en la página de Diario Tu Voz (www.diariotuvoz.com).

2. Objetivos

2.1. Objetivo general

Descubrir el impacto que tienen las prácticas de las transmisiones *streaming* en los estudiantes del quinto semestre de la asignatura de Comunicación Multimedia 1, de la Facultad de Comunicación Social, de la Universidad de Guayaquil.

2.2. Objetivos específicos

1. Identificar cuáles son los obstáculos con los que se enfrentan los estudiantes de Comunicación Multimedia 1, durante las transmisiones *streaming* que realizan desde el perfil de Diario Tu Voz. Los estudiantes usan esta herramienta como complemento a sus investigaciones periodísticas sobre problemáticas sociales, que se dan en la comunidad donde viven.

2. Medir el impacto que tienen las transmisiones streaming que realizan los estudiantes de Comunicación Multimedia 1, entre los seguidores del perfil de Facebook de Diario Tu Voz. De esta manera se podrá conocer si la herramienta está cumpliendo su objetivo de dar a conocer a las audiencias las investigaciones periodísticas que realizan.

3. Metodología

El presente estudio es básicamente cuantitativo. Se realizó tomando como población a los tres paralelos del quinto semestre (5-1, 5-2, 5-3), de la jornada matutina, de la materia Comunicación Multimedia 1 (95 alumnos en total). Los alumnos se dividieron en diferentes grupos, cada uno de los cuales abordó una problemática social que afecta a la sociedad guayaquileña y otros cantones aledaños. Los temas fueron:

1. Acoso en los baños públicos masculinos de Guayaquil
2. Mendicidad en las calles de Guayaquil
3. Abusos sexuales en escuelas de Guayaquil
4. Desperdicio de comida en mercados de Guayaquil
5. Falta de ciclovías en Guayaquil
6. Basura en las calles de Guayaquil
7. Apps vs. Taxis formales en la ciudad de Guayaquil

8. Discriminación contra los transexuales en la sociedad guayaquileña

9. El negocio de las "prepago"

10. Incultura peatonal en Guayaquil

11. Abandono de animales en parques guayaquileños

12. Alza de pasaje de buses a Durán

13. Persiste escasez de agua en Posorja

14. Éxodo de venezolanos impacta a Guayaquil

15. La discriminación contra los actores de las calles guayaquileñas

16. Alto índice de accidentes tránsito en Pedro Carbo

Las transmisiones vía Facebook Live se realizaron entre los días 14 y 26 de enero y se emitieron a través del perfil de Diario Tu Voz (https://www.facebook.com/DiarioTuVoz.ec).

Para lograr el objetivo de medir el impacto de las prácticas *streaming* entre los seguidores de Diario Tu Voz en Facebook (donde quedaron almacenadas las transmisiones en vivo) se usó la plataforma wolframalpha.com, un buscador que entre otras cosas, permite hacer un análisis estadístico de las publicaciones de los perfiles que hay en Facebook.

Este análisis cuantitativo se refuerza con una encuesta personal que contestaron los estudiantes de los tres paralelos, utilizando la herramienta Survey Monkey.

4. Análisis de resultados

4.1. Análisis de Wolfram Alpha

Utilizando la plataforma de búsqueda específica wolframalpha.com se pudo analizar cuáles fueron las publicaciones más comentadas o que tuvieron mejor aceptación del perfil de Diario Tu Voz. Los seguidores y amigos de dicho perfil son en su mayoría alumnos y exalumnos de la asignatura Comunicación Multimedia 1.

El análisis cuantitativo de wolframalpha.com tomó como universo las publicaciones hechas por Diario Tu Voz en su perfil, del 7 de septiembre de 2017 al 1 de marzo de 2018. Fueron 85 publicaciones, en total, las analizadas. Entre todas reunieron 596 me gusta y 218 comentarios:

Publicaciones analizadas	85
Total de *me gusta*	596 (promedio 7.01 por publicación)
Total de comentarios	218 (promedio 2,56 por publicación)

Fuente: www.wolframalpha.com

La plataforma también arrojó una nube de palabras que muestran que las más utilizadas dentro de las publicaciones (incluidos comentarios) están las palabras "Guayaquil", "vivo" y "transmisión", lo que demuestra que las transmisiones streaming en el perfil de Diario Tu Voz han tenido un fuerte impacto.

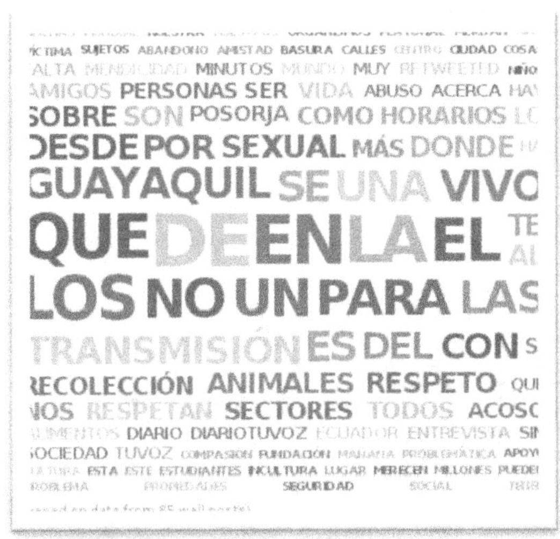

Figura 1: Nube de Palabras (www.wolframalpha.com)

Las publicaciones que tuvieron más *me gusta* fue la transmisión en línea sobre la investigación del alza de los pasajes de los buses que van de la ciudad de Guayaquil a Durán y la entrevista a una reconocida actriz transexual que habló sobre la discriminación que sufren las personas de su identidad sexual en la sociedad guayaquileña. Las dos transmisiones tuvieron 36 *me gusta*.

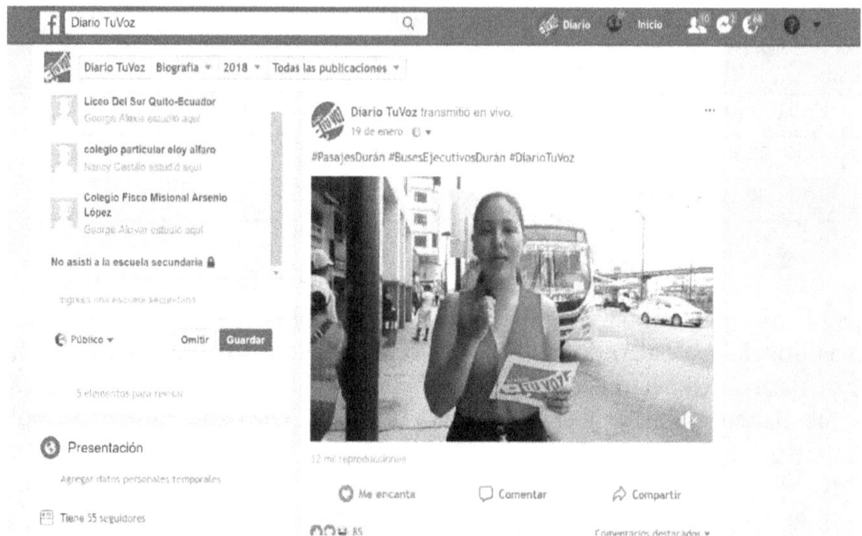

Figura 2: Transmisión vía Facebook Live (perfil Diario Tu Voz)

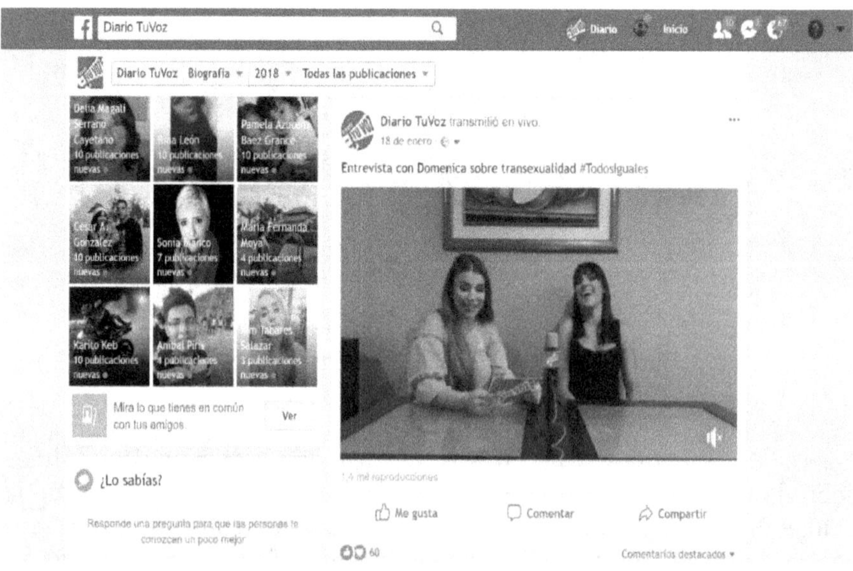

Figura 3: Transmisión vía Facebook Live (perfil Diario Tu Voz)

La publicación más comentada fue el reporte en vivo que realizaron desde un peligroso sector de Guayaquil los alumnos que investigaron el tema de la mendicidad en la ciudad. Se reflejó que una de las causas por las que los mendigos viven en las calles es por el consumo de las drogas. La transmisión tuvo 27 comentarios.

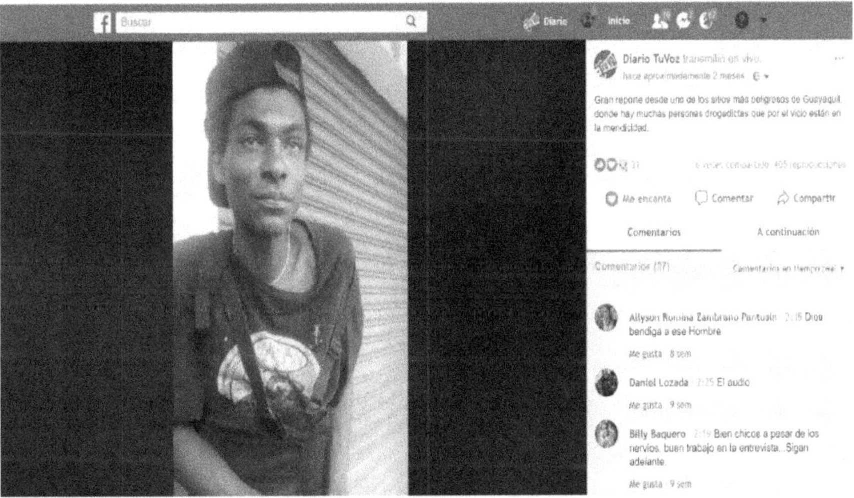

Figura 4: Transmisión vía Facebook Live (perfil Diario Tu Voz)

4.2. Encuesta a los estudiantes

Se realizó una encuesta, utilizando la plataforma de Survey Monkey, a los 95 alumnos que en total conforman los tres paralelos del quinto semestre de la jornada matutina, de la carrera de Comunicación Social y que ven la asignatura Comunicación Multimedia 1 (período lectivo 2017-2018, ciclo II):

5-1 (39 alumnos)

5-2 (31 alumnos)

5-3 (25 alumnos)

De toda la encuesta realizada, se van a destacar tres preguntas que se consideran clave para descubrir cuáles fueron las herramientas multimedia que más aceptación tuvieron entre los alumnos.

a.   De todas las unidades que se vieron durante el semestre, ¿cuál le pareció más interesante?

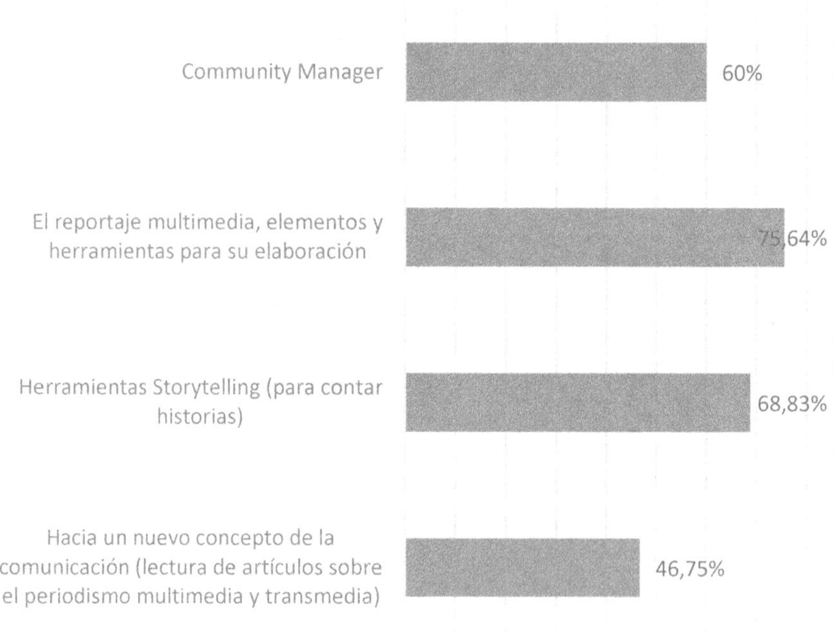

Gráfico 1. Elaborado con Survey Monkey

A la mayoría de los alumnos (75,64%) les pareció que la unidad donde se habló sobre el reportaje multimedia, elementos y herramientas para su elaboración (y donde estaba contemplada la práctica del *streaming* con el tema de investigación escogido por cada grupo) fue la más interesante de todas las unidades.

b.   ¿Qué le pareció la actividad de la transmisión en vivo vía Facebook Live (Streaming)?

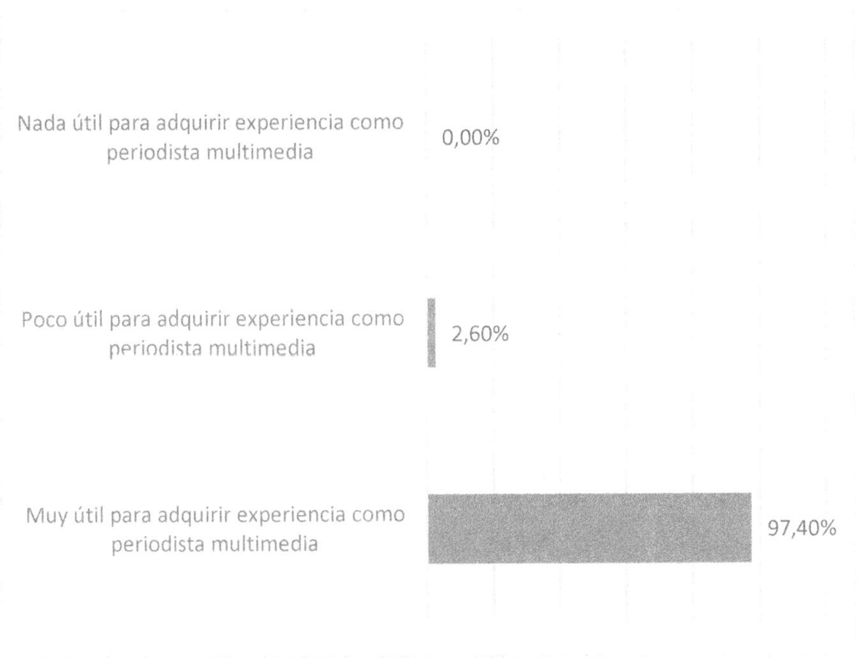

Gráfico 2. Elaborado con Survey Monkey

Un 97,40% de los estudiantes cree que la actividad de la transmisión en vivo, a través de Facebook Live, fue muy útil para adquirir experiencia como pcriodista multimedia.

c.   ¿Qué es lo que más destaca de su experiencia durante la transmisión streaming?

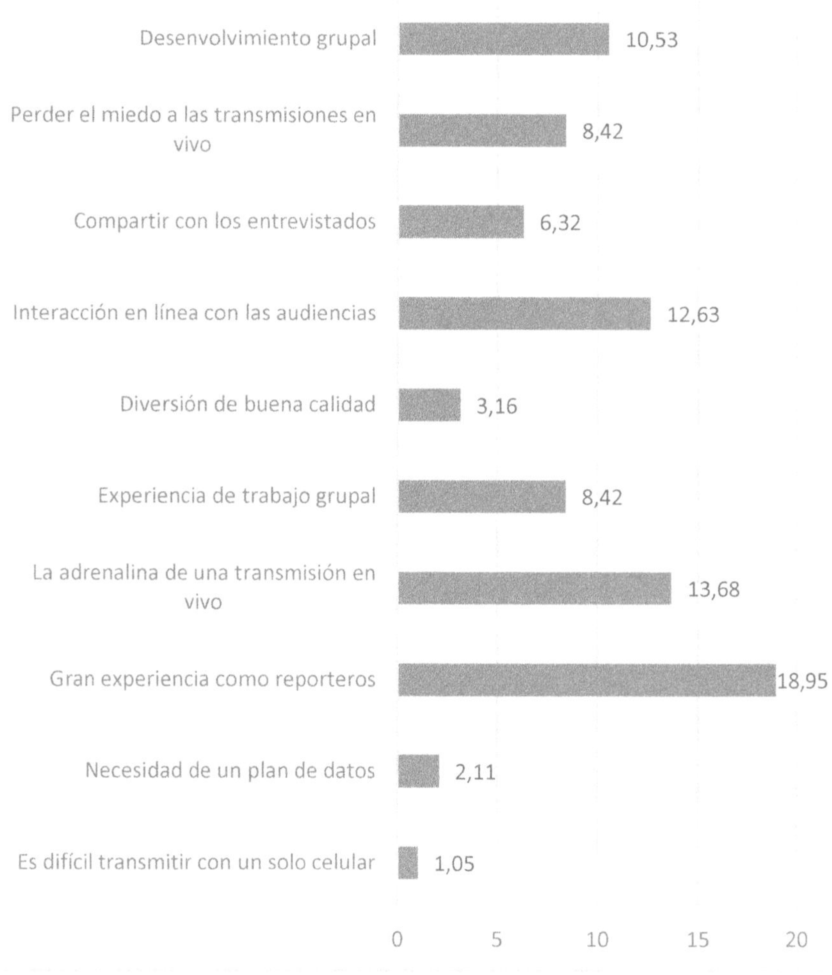

Gráfico 3. Elaborado con Survey Monkey

El 18,95% de los encuestados valoró más el haber ganado experiencia como reporteros. El 13,68% destacó el haber experimentado la adrenalina de una transmisión en vivo. El 12,63% resaltó la interacción que tuvieron con la audiencia en tiempo real. Mientras, el 10,53% destacó el haber podido fusionarse bien como grupo, para poder sacar la transmisión en línea con éxito.

No obstante, hubo alumnos que se quejaron por la falta de un plan de datos provisto por la Universidad para realizar la transmisión (2,11%); mientras que otros dijeron que fue difícil realizar la actividad con un solo celular (1,05%).

5. Conclusiones

La investigación ha permitido mostrar que las transmisiones vía streaming fue la práctica que más disfrutaron los alumnos de la cátedra Comunicación Multimedia 1, período lectivo 2017-2018, ciclo II.

La salida en vivo vía Facebook Live les permitió, entre lo más destacado, ganar experiencia como periodistas de investigación, como reporteros y fusionarse con sus compañeros durante el trabajo en grupo. También pudieron experimentar la adrenalina que se siente durante las transmisiones que se realizan en vivo, como si hubieran estado trabajando en un canal de televisión. Los estudiantes también se motivaron al leer los comentarios en línea de los usuarios y ver sus reacciones a través de la plataforma. De esta manera, pudieron interactuar con su público (seguidores) y contestar en vivo las preguntas que ellos hacían a través de la red. Una actividad que enriqueció el contenido comunicacional de los reportajes que emitieron los alumnos.

Además, se puede concluir que los seguidores del perfil de Diario Tu Voz también disfrutaron de las transmisiones vía streaming, por cuanto fueron las publicaciones más vistas y comentadas de todas las que se hicieron durante el período de tiempo que tomó Wolfram Alpha para hacer el análisis.

Sin embargo, es necesario indicar que la Universidad de Guayaquil debe dotar a los alumnos de planes de datos de internet para realizar estas importantes prácticas, puesto que la mayoría tuvo que utilizar sus paquetes particulares de internet para realizar la transmisión. Esto significó que los estudiantes inviertan su dinero en comprar planes de datos, que en el país donde vivimos no son baratos y se acaban muy rápido, por lo que el tiempo de las transmisiones no pudo ser muy largo.

La experiencia y los datos recabados durante esta investigación permiten pensar en nuevas líneas de estudio referentes al uso de las tecnologías de la información y comunicación en las prácticas de periodismo, en las universidades ecuatorianas. Sobre todo, de cara a abrir nuevas áreas de trabajo para los estudiantes que egresan de las facultades de comunicación, quienes no encuentran espacio en los medios tradicionales y no están preparados para incursionar en los medios digitales, que demandan de ellos estar al tanto de las más importantes herramientas de la comunicación multimedia.

A todo ello vale la pena indicar que la inmediatez de la que gozan las transmisiones vía streaming le dan un valor añadido a las noticias que se publican en las redes sociales y son las herramientas de apoyo que cada vez más utilizan los canales de televisión, periódicos y emisoras radiales, para difundir sus contenidos informativos. Por esta razón, los estudiantes de periodismo deben estar habituados a utilizarlas, ya que harán uso de ellas en caso de conseguir una plaza en dichos medios.

Para finalizar, se ha podido inferir que, en Ecuador, las transmisiones en vivo están en auge en las redes sociales y que las audiencias las están valorando cada vez más, una situación que debe ser aprovechada por el ámbito periodístico, y en este caso por los alumnos que realizan sus prácticas en Diario Tu Voz, un medio digital y estudiantil, que se dedica – especialmente- a denunciar problemas de gran impacto en la sociedad guayaquileña y de otras ciudades cercanas.

6. Referencias bibliográficas

Aramberri, J., & Lasa, J. (2007, noviembre 22). Utilización de video streaming en la UPV/EHU. Recuperado 19 de marzo de 2018, a partir de http://bit.ly/2KY4VOo

Bellis, M. (2017). The Interesting Evolution of Pagers and Beepers. Recuperado 17 de marzo de 2018, a partir de http://bit.ly/2m13vrw

Buitrón, R. D., & Astudillo Campos, F. (2005). *Periodismo por dentro. Una pausa en medio del vértigo.* Quito: CIESPAL.

Cebreiro, B., & Fernández, C. (2003). Las tecnologías de la comunicación en el espacio europeo para la educación superior, The technologies of the education in the european space for the university education. *Comunicar: Revista Científica de Comunicación y Educación, Comunicar: Media Education Research Journal, 11*(21), 57-61.

Cordicom, C. de R. y D. de la I. y. (2017, noviembre 14). Registro Público de Medios 2017. Recuperado 17 de marzo de 2018, a partir de http://www.cordicom.gob.ec/rpm/

Ecuador Inmediato. (2015). Confirmamos una alianza conjunta con la prestigiada estación católica mundial y en video streaming con Ecuador TV. Recuperado 17 de marzo de 2018, a partir de http://bit.ly/2J8uyKr

Fundamedios. (2015, agosto 31). Listado de medios nativos digitales en Ecuador. Recuperado 17 de marzo de 2018, a partir de http://bit.ly/2m1rYNj

García-Valcárcel, A., Basilotta, V., & López, C. (2014). ICT in Collaborative Learning in the Classrooms of Primary and Secondary Education. *Comunicar, 21*(42), 65-74. https://doi.org/10.3916/C42-2014-06

Gutiérrez, A., & Tyner, K. (2012). Media Education, Media Literacy and Digital Competence. *Comunicar, 19*(38), 31-39. https://doi.org/10.3916/C38-2012-02-03

Hinojosa, M., Robayo, C., & Maldonado, M. (2016). *Los inicios en el periodismo digital.* Editorial Académica Española.

Larrea, P., Isabel, M., Rivera Rogel, D., & Marín Gutiérrez, I. (2014). El periodista digital en Ecuador : reflexiones desde la academia. Recuperado a partir de http://bit.ly/2m2e6lP

López Micó, S. (2013). El arte de grabar. *Publicaciones Didácticas.* Recuperado a partir de http://bit.ly/2uoYhd1

Rivera Rogel, D. E., & Yahuache, J. (2012). Perfil del periodista ecuatoriano en los medios digitales. Caso de estudio El Universo y El Diario. Universidad de Lima, Perú. Recuperado a partir de http://bit.ly/2zoZwi2

Said, E. (2010). El docente ante el avance del ciberperiodismo en Colombia. *Enl@ce: Revista Venezolana de Información, Tecnología y Conocimiento, 7*(1).

Salaverría, R. (2015). Mídia e Jornalistas, um futuro em comum? *Revista Pará-grafo, 3*(1), 79-84.

Sciara, D. R. (2004). Fundamentos de video streaming. *Instituto de Ingeniería Eléctrica-Facultad de Ingeniería, Universidad de la República, Montevideo, Uruguay.*

Unión Internacional de Telecomunicaciones. (2016). La UIT pública las cifras de 2016 de las TIC. Recuperado 17 de marzo de 2018, a partir de http://bit.ly/2MY7Vea

Influencia del Smartphone en los procesos de enseñanza aprendizaje de la información periodística

MSc. Julia Abifandi C.
Universidad de Guayaquil-Ecuador
MSc. Fátima Castro T.
Universidad de Guayaquil-Ecuador
MSc. Jefferson Flor M.
Universidad de Guayaquil-Ecuador

Resumen

El manejo de herramientas digitales en la comunicación social representa el mayor avance para los procesos de difusión de información en los ámbitos periodísticos. Contemplar la correcta utilización de la tecnología se vuelve necesario en la elaboración de procesos claves relacionados al buen uso del Smartphone en beneficio de la comunicación. Esto conllevará al correcto manejo de páginas web para la investigación y la educación universitaria. Hoy, el profesional de la comunicación debe conocer y manejar la tecnología; por lo tanto, los centros de educación superior deben modificar en muchos casos su enseñanza-aprendizaje, hasta ser ajustada a las necesidades o requisitos impuestos por el tiempo. Con la llegada de la era tecnológica, los docentes y estudiantes profesionales de la comunicación deben adaptar su ritmo de vida, comprensión escrita, lectora y visual, para asimilar de manera rápida el uso tecnológico del Smartphone. Resulta imprescindible que el docente universitario en el contexto nacional pueda pensar en la imperiosa necesidad de la búsqueda de la información que se convertirá en noticia. Este avance permite una comunicación más rápida, veraz y oportuna. ¿Cómo podemos establecer, entonces, que el Smartphone influye en los estilos de vida de las personas cambiando sus hábitos pre-establecidos hacia hábitos que facilitan la comunicación e información de una forma ágil y práctica? Para este diagnóstico, se realizará una investigación cuantitativa y cualitativa, por medio de la técnica focus grupal, que permitirá de forma probabilística determinar: ¿Cuál es la influencia que tiene el Smartphone en el proceso de enseñanza-aprendizaje que aplican los docentes de Multimedia de la Facultad de Comunicación Social (FACSO), de la Universidad de Guayaquil?

Palabras claves: Herramientas de comunicación, páginas web, enseñanza-aprendizaje, docente universitario, smartphone.

1. Introducción

La sociedad occidental, en su búsqueda de implementar herramientas que le permitan optimizar su conocimiento, convive con el manejo creciente de la tecnología celular en casi todas las actividades humanas. En la actualidad, el desarrollo tecnológico, asociado a la disminución del costo de los equipos móviles, contribuye para que los ciudadanos de todas partes del mundo puedan hoy tener un dispositivo portátil que les permita optimizar sus capacidades tecnológicas y comunicarse de un extremo de la tierra a otro, sin necesidad de usar un medio terrestre, áereo o marítimo. Como citaron (Organista, McAnall & Gilles , 2013):

> [El] dispositivo portátil –conocido como *smartphone* o teléfono inteligente– posee capacidades técnicas interesantes que han propiciado su aceptación, entre las que se pueden mencionar lo reducido de su tamaño, su carácter personal y, en especial, una gran conectividad que le permite acceder en todo momento y lugar a sitios de información y a redes sociales. (p. 8)

La información mostrada por *Canalys Research*, demostró que por primera vez a nivel mundial, en el año 2011, se vendieron más dispositivos smartphones que computadoras. Este dato da cuenta de la magnitud del fenómeno tecnológico de la telefonía celular en funciones de mercadeo y consumo tecnológico.

La era actual enmarcada en lo que popularmente conocemos como globalización, o era de la tecnología, abarca procesos y cambios que incluyen también a los medios de comunicación, a comunicadores sociales y periodistas en general, en ésta, la sociedad del conocimiento donde las nuevas tecnologías de la comunicación (NTIC) sirven para optimizar la información que se difunde a la sociedad.

Esta evolución ha permitido que el ser humano pase de la era del lápiz al teclado, luego a la pantalla del ordenador y ahora al uso de los instrumentos móviles, computadoras portátiles, tablets, celulares inteligentes y a usar toda aquella herramienta que no solo masifique, sino que le haga más accesible la información que demanda el mundo actual.

La sociedad del conocimiento cuenta con más celulares móviles que ordenadores. La incursión de los teléfonos inteligentes como los Smartphones, en la era digital, permite al comunicador social implementar el periodismo móvil en el ejercicio de su campo profesional.

Hace casi 26 años, apareció el primer Smartphone y su uso está en auge. Este adelanto tecnológico es cada vez más accesible a las personas, modificando conductas humanas, relaciones interpersonales, la comunicación y los sistemas de enseñanza y aprendizaje en la sociedad. El Smartphone utilizado por la docencia de Comunicación como herramienta pedagógica, es un recurso de aprendizaje para la producción de material informativo en los medios de comunicación radial, impreso y audiovisual.

En este contexto, el futuro profesional de la información debe recibir desde las aulas universitarias las directrices para la adecuada aplicación de ese tipo de herramientas tecnológicas a fin de lograr eficiencia en la difusión moderna de materiales informativos, aplicando sus conocimientos en el ejercicio de su profesión.

Este trabajo analiza la incidencia académica del uso del Smartphone en los docentes y discentes de comunicación multimedia de la Facultad de Comunicación Social de la Universidad de Guayaquil y lanza una propuesta para mejorar ese ambiente de aprendizaje. Para ello, se creará un marco teórico, se aplicará una técnica que contextualice las tendencias actuales en el uso de los dispositivos móviles en la sociedad y luego se analizará el impacto profesional que tiene el uso pedagógico de una herramienta tecnológica como el Smartphone en la educación universitaria.

Bajo este argumento, se han tomado como referencia investigaciones previas realizadas por otros autores que analizan las incidencias académicas y personales del uso del Smartphone en el ambiente de enseñanza-aprendizaje de los Centros de Educación Superior, para definir las ventajas y desventajas que refleja, en los procesos de aprendizaje, el uso del Smartphone.

> Es importante indagar cuál es la influencia del Smartphone en la dinamización de las estrategias pedagógicas de enseñanza y aprendizaje. Se aborda un estudio fenomenológico para conocer los fenómenos que se suscitan alrededor del uso del celular, que se asume como un dispositivo de diseño tecno-pedagógico y a la vez puede representar una fuente de distracción. (Silva & Martínez, 2017, p. 11)

2. Implementación del Smartphone como herramienta pedagógica

El acceso a las nuevas tecnologías de la información y la comunicación (NTIC) enfrentó un cambio radical en el Ecuador diez años atrás. El uso de los dispositivos y de la Internet es vital hoy para los ecuatorianos para realizar tareas educativas o laborales, revisar correos y ver redes sociales, por lo que es una herramienta tecnológica básica en el quehacer educativo, laboral, y personal.

Cantillo, Roura & Sánchez (2012) destacan que:

> En la sociedad actual, en continuo movimiento, los avances tecnológicos aparecen para dar respuesta a las necesidades de estar en continua conexión con la información y las comunicaciones. Es por esta razón por la que aparecen las tecnologías móviles que van a configurar un nuevo paradigma social, cultural y educativo. (p. 5)

En contexto el teléfono móvil y en este caso de estudio, el Smartphone, es un dispositivo que ofrece a los docentes y discentes de Multimedia de la Facultad de Comunicación Social de la Universidad de Guayaquil una serie de servicios que van desde mensajes de textos, o voz, hasta las mayores capacidades tecnológicas. La implementación de ese teléfono móvil como herramienta pedagógica, permite a maestros y estudiantes "contar con comunicación y acceso a información en cualquier momento y lugar" (Organista, McAnall & Gilles, 2013, p. 6). Cabe descatar que, en algunos casos, el dispositivo móvil es considerado un elemento distractor en el aula de clases, pero incluso sus detractores reconocen que usado de manera responsable y profesional, el Smartphone, ofrece capacidades tecnológicas que aportan positivamente a cualquier modalidad educativa.

Es función del docente inculcar en sus estudiantes el compromiso de utilizar el dispositivo móvil académicamente en el ambiente de enseñanza-aprendizaje para obtener el objetivo propuesto, que es el de que los futuros comunicadores sociales sean capaces de comunicar la información a la sociedad de una manera real, rápida y oportuna. Este dispositivo se caracteriza por tener una mayor capacidad para procesar información y mejor conectividad que un teléfono móvil convencional, lo que ha despertado el interés de investigadores a nivel internacional por explorar el potencial pedagógico de tales dispositivos (Lavigne, Gutiérrez, McAnally & Organista, 2015). La espiral de creciente innovación tecnológica, implica que los sistemas educativos en todas partes del mundo deben incorporar, irreversiblemente el uso de las TICs. La era tecnológica impone a los profesionales, docentes, y estudiantes de la comunicación emplear herramientas que les permitan cumplir las actividades relacionadas con la producción y difusión de la información impresa, radial y audiovisual.

El docente universitario en su metodología, al incluir el manejo de herramientas comunicacionales, aporta globalmente para que los estudiantes desarrollen capacidades de diálogo, discusión, debate y de interacción a través de las plataformas virtuales que le brindan un instrumento móvil como el Smartphone.

El uso adecuado de las herramientas tecnológicas y las plataformas virtuales, facilita el futuro de la comunicación social al optimizar contenidos y aporta al accionar profesional, garantizando la calidad de la información destinada a una sociedad cada vez más globalizada.

Para ser competitivo en una sociedad tan dinámica como la de alta tecnología, es indispensable que los futuros profesionales de la información desarrollen capacidades de elaboración, utilización y difusión correcta e inmediata de la información.

Para que el profesor universitario prevea el uso de una herramienta tecnológica indispensable como el Smartphone con sus estudiantes, debe primero analizar con ellos los beneficios obtenidos para docentes, discentes y profesionales de la información, desde la aparición de la primera herramienta digital (la computadora personal -1977- u ordenador conocido como PC), hasta llegar al uso de los nuevos instrumentos de comunicación como el Smartphone.

Cuando apareció el PC, surgieron de la mano servicios que son utilizados hasta hoy, entre ellos, el correo electrónico, Messenger -aunque Microsoft empezó a retirar esta herramienta de sus plataformas para sustituirlo por Skype-, Google Talk, sitios web y blogs y plataformas multimedia. Esta última herramienta permite realizar divulgaciones que facilitan la publicación de contenidos multimediales llegando a gran cantidad de personas. Entre ellos, encontramos YouTube, Flickr, Prezi y SoundCloud. Se debe destacar que una herramienta digital como el Smarthpone, por su tamaño, es más adaptable a la mano de quien lo porta y conectado a una red, cuenta con todos los servicios que brinda un computador.

Es necesario en este marco, recordar brevemente a Martin Cooper como el pionero en esta tecnología y al que se considera "el padre de la telefonía celular" por introducir el primer radioteléfono en 1973 en los Estados Unidos mientras trabajaba para Motorola. Sin embargo, fue en 1979 en que aparece el primer sistema comercial en Tokio (Japón) por la compañía NTT (Nippon Telegraph & Telephone Corp.). Esta red cubría toda el área de Tokyo, con 23 estaciones base a las que se comunicaba. Después, esta red se expandió hasta cubrir todo Japón y se convirtió en la primera red 1G nacional.

En 1981 los países nórdicos implementan el uso del sistema celular similar a AMPS (Advanced Mobile Phone System), mientras Estados Unidos adopta reglas para la creación de un servicio comercial de telefonía celular y en octubre de 1983 se pone en operación el primer sistema comercial en la ciudad de Chicago.

Todo ese antecedente dio inicio para que la telefonía celular reemplace a la telefonía convencional, para transformar los sistemas analógicos a digitales y dar cabida a más usuarios.

En un principio, los dispositivos sólo funcionaban para comunicarse por medio de llamadas de voz. En los años 90 se crearon los SMS (Short Message Service). Hoy, estos sistemas operativos se han convertido en dispositivos de comunicación por medio de llamadas, mensajes de texto multimedia o normales y comunicación y cuentan con mayor tecnología, cubriendo una gran demanda, como son el Android, el iOS, Blackberry y el Smartphone.

Imagen 1. Dispositivos móviles y sus sistemas operativos

Fuente: https://aprendiendotecnologiaadmonb.wordpress.com

Imagen 2. El Smartphone más potente del mundo

Fuente: https://actualidad.rt.com/ciencias/203999

De esta forma, "la tecnología invadió los espacios educativos".

A mediados de los años ochenta del siglo XX, surge la CBE (Computer Based Education) o educación basada en computadoras que, aunque contaba con una escasa interactividad, fue el germen de la expansión del eLearning o Educación online en los años noventa. El e-Learning, caracterizado por la separación espacial entre el docente y el discente y por el uso de medios tecnológicos para desarrollar el proceso de enseñanza y aprendizaje, constituyó un avance en educación mejorando los tradicionales sistemas de formación a distancia, otorgando flexibilidad, permanencia y sincronía, asi como la adaptabilidad, ya que permite el acceso al aprendizaje a personas que por determinadas circunstancias no podrían acceder a él; la flexibilidad, ya que el estudiante es quien decide cuándo y cómo afrontar su estudio; la ubicuidad, pues estudiantes y docentes pueden utilizar el entorno tecnológico desde cualquier lugar; el aprendizaje a la carta y la posibilidad de realizar un aprendizaje colaborativo. (Cantillo, Roura & Sánchez, 2012, pp. 3-4)

3. Influencia del Smartphone y su dinamización como estrategia pedagógica en los procesos de enseñanza-aprendizaje

El Smartphone es, actualmente, un instrumento indispensable que lo porta la mayoría de las personas, por lo que es casi imposible que los usuarios puedan movilizarse sin este medio de comunicación. De ahí, su importancia en el ámbito de la información.

En los entornos virtuales de enseñanza y aprendizaje, los profesores y estudiantes deben utilizar y aplicar distintas técnicas didácticas y metodológicas que son el apoyo ideal como herramientas que ofrecen las TICs. "Los procesos de aprendizaje estarán totalmente influenciados por el uso intensivo de las tecnologías" (Rush, como se citó en Silva y Martínez, 2017, p. 1), ante lo cual, es importante indagar cuál es la influencia del Smartphone y su dinamización como estrategia pedagógica para la enseñanza y aprendizaje.

En este marco, el profesor, al utilizar esta herramienta pedagógica, vuelve atractivo e interactivo el proceso de enseñanza-aprendizaje, consecuente con el objetivo de crear en los estudiantes de comunicación social, la facilidad de uso adecuado y responsable de este instrumento tecnológico para que, como profesionales de la información, respondan adecuadamente a la demanda que impone la sociedad actual de la información. La comunicación social actual globaliza, contenidos, profesionalismo pero también lucha contra el tiempo, por la inmediatez.

> Si bien, este fenómeno podría aprovecharse en beneficio de los procesos de enseñanza aprendizaje y es desde esta perspectiva que se vislumbran algunos desafíos al respecto (...) El uso de la tecnología portátil como herramienta de comunicación y acceso a la información es un fenómeno social inevitable en el mundo actual. (García, 2014, p. 14)

El manual para docentes de Semenov (2006, p. 5) revela: "Las tecnologías de la información y la comunicación en la enseñanza", deben ponerse en práctica de modo tal, que sean un apoyo para alcanzar los objetivos de la EPT (educación para todos) a un costo razonable.

En el contexto actual, los diseños pedagógicos deben acoplarse a las nuevas tecnologías, aprovechando las ventajas que supone el uso constructivo y adecuado de las tecnologías en la comunidad académica. Este argumento permite señalar que la tendencia de pedagogía y metodología de la enseñanza universitaria, debe enmarcarse en la necesidad del mundo actual, a lo que Rush (2011) puntualiza:

> El papel del docente como mediador de aprendizajes es el de buscar puntos de encuentro para hacer que el desarrollo humano y tecnológico avancen hacia el mejoramiento de la calidad de vida, de la comunidad académica universitaria, hacia un aumento de la prominencia cognitiva y del comportamiento. (p. 56)

Sugerencias de esta naturaleza permiten al docente inculcar en los estudiantes de comunicación construir sus conocimientos en un ambiente interconectado y cooperativo contemporáneo para, desde ese ámbito profesional, elaborar y difundir información que contribuya a desarrollar nuevas oportunidades sociales y económicas en la sociedad.

Aplicar estos conceptos, es una exigencia del mundo comunicacional moderno, tal y como lo define Gil (2013), mencionando que la educación latinoamericana busca incorporar en los diferentes países, la educación multilateral, concebida en varias direcciones, en los niveles culturales, sociales y tecnológicos, lo cual demanda una formación integral de los estudiantes y una capacitación actualizada.

Lo expuesto, nos permite plantear que este trabajo brinda la facilidad para que los investigadores puedan diagnosticar las siguientes hipótesis:

- El uso del Smartphone como herramienta pedagógica es indispensable entre los docentes y discentes de multimedia de la Facultad de Comunicación Social.

- Las ventajas que tiene el Smartphone al ser utilizado como herramienta pedagógica para la producción y difusión de información impresa, radial y audiovisual.

- Sería necesario, dirigirlas a los docentes de comunicación multimedia sobre el uso adecuado del Smartphone como material pedagógico.

4. Método

Para el diagnóstico se plantea el desarrollo de la técnica focus grupal, que nos permite desarrollar una investigación cuantitativa-cualitativa para recoger las opiniones de manera conjunta de los 6 docentes de la Asignatura Multimedia de la Facultad de Comunicación Social de la Universidad de Guayaquil, para contrastar los resultados de este trabajo de investigación con las opiniones de los autores a los que se hace alusión en el presente artículo.

Se trata de establecer las relaciones e influencia del Smartphone en los procesos de enseñanza-aprendizaje de la información periodística. Para ello, se plantearon seis interrogantes a los docentes multimedia de la Facultad de Comunicación Social (FACSO) de la Universidad de Guayaquil, de la jornada matutina.

5. Resultados

1.- ¿Considera usted que las herramientas comunicacionales contribuyen al quehacer periodístico?

El 100% de los docentes coincidieron en afirmar que el periodista actual está obligado a vincularse en el manejo de este tipo de herramientas, más aún para aplicarlo en el ámbito comunicacional. El docente universitario no puede estar al margen del avance tecnológico que aporta significativamente al conocimiento de los discentes, a quienes imparte las directrices que tendrán que aplicar como futuros profesionales de la comunicación.

El uso del teléfono inteligente, facilita el trabajo periodístico. Hoy, las herramientas comunicacionales y la tecnología han venido a reforzar el quehacer periodístico. El Smartphone para el periodista, es una herramienta vital porque realiza su labor utilizando sus equipos digitales, ya sea al tomar una fotografía, grabar e incluso administrando las redes sociales. No hay que olvidar que las bases periodísticas no han cambiado, como son la rigurosidad, la investigación y la ética. Esto concuerda con Mendoza (2014, p. 11), el cual destaca que "la generación de conocimiento depende de una adecuada gestión de la información, de ahí que sea necesario disponer de medios que permitan una comunicación eficaz, eficiente e inmediata, como el teléfono celular".

Siendo la inmediatez un factor importante, el dispositivo celular tiene una participación directa en el quehacer periodístico. Claro está que esta herramienta debe ser utilizada por el profesional de la comunicación, siendo para ello necesario que adquiera, desde las aulas, los conocimientos para un uso adecuado y responsable en la difusión de la información.

2.- ¿Cree usted que la plataforma online, potencia la investigación universitaria?

El 100% coincide en que la tecnología es un gran aporte para la investigación científica. Es de acotar que el 99% advirtió que esta herramienta, mal utilizada, facilita a docente y discentes el plagio. El primero, al tener facilidad para descargar libros sin el permiso de sus respectivos autores y, los segundos, porque acceden a material bibliotecario para copiar, sin investigar, la información. El 1% defiende el uso de esta herramienta, ya que permite la democratización y acceso a la información. Esto permite, a través de la red, compartir libros y compartirlo con los estudiantes, es decir, la inmediatez.

En defensa del uso de esta herramienta tecnológica, Fariña (2013):

> Los profesores y estudiantes universitarios cuentan de esta forma con una extensión de las aulas presenciales en las aulas virtuales, que permiten nuevas formas de aprender autónomamente y colaborativamente. La incorporación de las aulas virtuales a la docencia permite contar con un espacio en el que ofrecer diferentes herramientas a los estudiantes: información, foros para la comunicación e interacción, así como tareas y actividades fácilmente evaluables. (p.56)

En este contexto, la democratización de la información potencia el conocimiento científico donde participan el estudiante y el docente universitario simultáneamente, pero su uso incorrecto puede dar paso a la piratería informativa, por lo que es necesario que tanto docente como discentes adquieran un uso responsable y eficiente de esta herramienta digital para un óptimo ejercicio de la profesión.

3.- ¿Considera que deben, los estudiantes de Comunicación, desarrollar comprensión escrita y lectora para el uso y manejo optimo del Smartphone?

El 100% coincidió: No se puede hablar de comunicador que no tenga comprensión para la lectura y la escritura. Los docentes deben trabajar por el desarrollo de estudiantes críticos y reflexivos en FACSO. Las teorías y las herramientas digitales se dan de la mano. Parece claro que la capacidad de leer y comprender lo leído es indispensable para el éxito en la vida, y es que de esta capacidad deriva la apropiación del contexto, el desarrollo personal e incluso la integración social (Saulés, 2012).

El estudiante, futuro comunicador social, debe tener capacidades operativas, simbólicas y visuales, lo que le permite desarrollar un pensamiento crítico. El uso incorrecto de las herramientas tecnológicas no desarrollará en el discente ese objetivo. En este marco, la Academia, debe de considerar las herramientas necesarias para elaborar una clase.

El periodista actual utiliza sus conocimientos para difundir información y sus capacidades tecnológicas le permiten darle vida, imagen y voz a la información que difunde. Hoy, el periodista es un comunicador social integral o multimedia debido a que, en sus conocimientos, están integrados los saberes de la información y la tecnología.

Los estudiantes de comunicación deben desarrollar competencias de comprensión escrita y lectora para un manejo óptimo de las herramientas tecnológicas, como la plataforma on line y el uso del teléfono inteligente.

4.- ¿Cree que el uso del Smartphone influye en los hábitos de vida de las personas?

El 100% de los profesionales digitales que contribuyen a este análisis, ven al celular inteligente como un gran aporte tecnológico para el ambiente de enseñanza-aprendizaje universitario, aunque reconocen que este instrumento digital ha cambiado e incluso trastocado hábitos. El teléfono, al tiempo que interconecta al usuario con miles de personas de diferentes partes de mundo, también individualiza al sujeto que hace uso de esa herramienta. Esa es la dicotomía del Smartphone. Además, el teléfono engulló a todos los medios de comunicación.

Es necesario entonces, no volverse esclavo del teléfono, porque los usuarios solo son consumidores de información y no la producen. No hay retroalimentación, existe solo consumo. En suma, el Smartphone forma parte de un antes y después en la vida de los usuarios, porque influye en los hábitos de las personas, ya que no existen espacios privados, sino públicos; la vida misma de los usuarios, es pública. La interrogante es: ¿hasta qué punto queremos compartir esta información? Este aparato inteligente se ha convertido en un elemento tan indispensable en la sociedad de la información, porque facilita la comunicación e información de forma rápida y oportuna.

En el enotrno de la educación superior, la influencia de esta tecnología no pasa desapercibida, al igual que el necesario cambio en los modelos de enseñanza-aprendizaje. En las universidades se observa un aumento de la comunicación virtual en detrimento de la presencial.

5.- El Smartphone ¿es utilizado por los docentes de comunicación social de la FACSO como herramienta pedagógica?

Los docentes de multimedia de la FACSO usan el Smartphone y otras herramientas tecnológicas a su alcance. Sin embargo, por ser esa facultad la rama de una universidad pública, las plataformas a las que acceden son gratuitas y los estudiantes en su mayoría de limitados recursos, lo que los limita para tener a la mano un Smartphone de gran capacidad. Esto conlleva a que el producto final que se obtiene en el aula de clases no sea óptimo.

Bajo este argumento, los expertos participantes en el focus grupal, coinciden: tanto docentes como estudiantes deben tener claro que el Smartphone es un instrumento tecnológico que, utilizado sabia y eficientemente como herramienta pedagógica, aporta para que elaboren productos periodísticos: radiales, impresos y audiovisuales, bajo los parámetros de la responsabilidad social.

Los exponentes consideran que en las instituciones universitarias públicas, como es el caso de la Facultad de Comunicación Social de la Universidad de Guayaquil, las autoridades educativas deben gestionar ante el Estado servicios virtuales con las licencias que permitan a los estudiantes hacer uso de herramientas digitales actualizadas para una producción de material comunicacional acorde a las exigencias del mercado laboral.

6.- ¿Considera que el uso de herramientas tecnológicas y de plataformas online permite al comunicador social optimizar sus competencias periodísticas?

Para el 100% de los consultados, el uso del Smartphone como herramienta tecnológica crea nuevos entornos pedagógicos, que mejoran la calidad de la enseñanza y el aprendizaje, respondiendo a las necesidades de la sociedad y del sistema educativo actual. Vivimos en un mundo donde hay más teléfonos móviles que ordenadores, por lo que su uso supone una oportunidad, en el ámbito que nos ocupa, para el desarrollo del denominado periodismo móvil.

Es de acotar, que el 0.1% de los profesores que están en contra de la utilización del Smartphone en el aula de clases por considerarlo un elemento distractor, más que pedagógico o porque en algunos casos la capacidad del teléfono inteligente no va acorde con el producto final que se desea obtener del aparato digital. Si bien, esta metodología, no se aplica a todas las asignaturas universitarias, sí va de la mano con materias muy importantes para el futuro periodista, como son: comunicación visual, illustrator y photoshop. Ante ello, la aplicación debe ser accesible y actualizada. De ahí la necesidad de que las autoridades educativas y el Estado brinden a la comunidad educativa las herramientas necesarias para la producción de su material.

Este análisis permite identificar que los docentes con los que se diálogo, consideran que es importante que la institución universitaria y el Estado contribuyan para que los docentes y discentes cuenten con la tecnología de la información necesaria para el desarrollo de las capacidades que necesitan los futuros profesionales de la comunicación para responder capacitada y eficientemente a la demanda informativa de la sociedad.

> Existe la necesidad de una transformación profunda en los métodos y procedimientos sobre la forma de transmitir y construir los aprendizajes al interior de las aulas. En los últimos veinte años, se ha estudiado con frecuencia el impacto de una adecuada introducción de las tecnologías como un medio para producir una mayor independencia e iniciativa de los estudiantes, lo que favorece el desarrollo de la capacidad de análisis, reflexión, cooperación, socialización, comunicación, así como la construcción y significación más apropiada de los conocimientos, entre otros elementos importantes. (López de la Madrid & Chávez, 2013, p. 2)

6. Conclusiones

El uso del Smartphone como herramienta tecnológica crea nuevos entornos pedagógicos que mejoran la calidad de la enseñanza y el aprendizaje, respondiendo a las necesidades de la sociedad y del sistema educativo actual.

El uso de los móviles en los procesos de enseñanza aprendizaje, genera criterios a favor y en contra de parte de diversos autores. Para quienes apoyan el uso de los dispositivos móviles, "son utilizados como recursos en los procesos educativos ante la expansión de los servicios de internet que acercan cada vez más a las personas a un mundo regido por la tecnología" (Rivera & Castillo, como se citó en Silva y Martínez, 2017, p. 3).

Sánchez González (2012, p. 29), advierte que la sociedad del conocimiento y su cambiante tecnología determina que también en la docencia se incluya el uso de estas nuevas herramientas:

> Vivimos en un mundo donde hay más teléfonos móviles que ordenadores. La irrupción de los denominados Smartphones, como dispositivos inteligentes y la paralela generalización de tarifas planas de conexión a Internet a un coste más asequible, suponen una oportunidad, en el ámbito que nos ocupa, para el desarrollo del denominado periodismo móvil, mobile jorunalism o m-journalism.

Los docentes de comunicación multimedia de la Facultad de Comunicación Social de la Universidad de Guayaquil deben incluir necesariamente entre sus herramientas pedagógicas el uso de este móvil, por ser una herramienta cuyo empleo va en auge y que aportará al conocimiento que deben adquirir los discentes, para que una vez que salgan al campo profesional sepan responder a los requerimientos que impone la sociedad de la información. Más aún, los propios docentes deben incluir y adaptar su nivel de conocimiento de esta herramienta tecnológica a sus metodologías de enseñanza-aprendizaje, para así, responder adecuadamente a las necesidades que impone el contexto de educación digital.

La presencia de dispositivos móviles en general y smartphones en particular, ha cambiado conceptos clave en el entorno educativo, como lo son los de espacio y tiempo en el aprendizaje.

Cabe anotar, que en noviembre de 2016 Google anuncio su Mobile-First (móvil primero). Se trata de un sistema de indexación de web, donde las instrucciones de búsqueda le dan prioridad a la versión móvil de un sitio para la clasificación de los rankings de búsqueda.

El diseño web para dispositivos móviles se viene aplicando desde que el Smartphone empezó a cobrar importancia como equipo para la navegación en Internet. De ahí su importancia en el ámbito comunicacional.

El Smartphone es el teléfono más completo de los inteligentes y disponibles al alcance de un docente, recurso existente que, al darle un buen uso, evitaría la compra de varios equipos tales como: una cámara fotográfica, una video cámara y un grabador portátil de alta fidelidad. Lo que facilita al docente la producción de contenidos informativos o construcción de materiales pedagógicos impresos, radiales o de audiovisual, propuestos en los componentes, pilares y ejes integradores, niveles de integridad del Currículo Bolivariano (2007).

La tecnología móvil se relaciona con la telefonía de ese mismo nivel. Esto permite que existan múltiples dispositivos como ordenadores portátiles, tablets y celulares como el Smartphone, que brindan la posibilidad de los usuarios de emitir y acceder a información optimizando tiempo y espacio.

No hay que olvidar, que la tecnología evoluciona continuamente, lo que demanda que la sociedad y en este caso los docentes, discentes y profesionales de la comunicación tengan conocimientos para el uso tecnológico de los actuales y novedosos dispositivos móviles.

En efecto, cada día, no solo crece el número de teléfonos inteligentes en el mundo, también crece el consumo de noticias y el uso de redes sociales a través de los cuales la sociedad se mantiene informada.

Un informe de la Unión Internacional de Telecomunicaciones (UIT), publicado en septiembre de 2011, indica que:

> Los servicios móviles, con más de 5.000 millones de suscripciones y una cobertura de más del 90% de la población mundial, ya son ubicuos; el número de suscripciones a Internet por conexión fija disminuye desde 2007, los servicios móviles de banda ancha ("3G") se están extendiendo rápidamente. (UIT, 2011)

Mientras, el reporte de la UIT (2015), revela que:

> A pesar de las diferencias socioeconómicas está altamente conectado. Casi el 95% de la población mundial tiene cobertura de telefonía móvil y casi un 64% acceso a redes de tercera generación, capaces de ofrecer acceso a Internet. Este tipo de acceso, además, está creciendo rápidamente y desplazando a las conexiones fijas como método preferido para navegar.

Hoy, la mayoría de medios de comunicación manejan sus contenidos, redacciones digitales, radiofónicas en distintas plataformas, por lo que el comunicador social actual que egresa de las aulas universitarias, debe estar capacitado para que en el campo profesional pueda acceder de manera adecuada, eficiente y responsable a las aplicaciones tecnológicas que le brinda el Smartphone.

En este contexto la definición de metodología es imprescindible en la labor de Docencia, tal y como lo señalan Torres, Infante & Torres (2015, p. 38):

> El futuro del aprendizaje, desde una perpectiva tecnológica y técnica, está integrado por cuatro ejes que los definen, sobre los que se articulan esfuerzos tecnológicos y metodológicos (...) la movilidad, interacción, inteligencia artificial y recursos basados en tecnología, como la realidad aumentada y los juegos apliacados al aprendizaje.

Torres et al. (2015) advierte que, en el campo pedagógico, los dispositivos se constituyen en herramientas de interacción inmediata, aunque se corre el riesgo de implementar fuentes de distracción y pérdida de la atención de los estudiantes.

El uso del Smartphone en el ambiente de enseñanza-aprendizaje, genera en los estudiantes de Comunicación Social las capacidades para realizar sus trabajos a partir de la inmediatez, porque la interconexión en esta cultura es vital para optimizar las competencias periodísticas de los actuales y futuros comunicadores sociales de FACSO.

Además, los medios de comunicación en la actualidad exigen que los estudiantes de periodismo y los graduados en la profesión manejen varias herramientas tecnológicas, a fin de que sean competitivos en su espacio laboral, sin contar que esas capacidades mejoran su perfil profesional. La competencia ahora es más exigente, ahora el tema comunicacional es más holístico, porque la competencia y el campo de acción laboral así lo exigen.

Es necesario recalcar que el equipo móvil (Smartphone), no debe reemplazar al docente en la interrelación con sus estudiantes. El profesor siempre será la guía principal para el discente sobre las nuevas formas de elaborar producciones impresas, radiales o audiovisuales.

El docente debe direccionar su trabajo adecuadamente para que el discente no utilice el celular como un distractor como indica Oliva (como se citó en Silva y Martínez, 2017, p. 14): "si un estudiante se centra en los mensajes de texto, es incapaz de absorber la información que está siendo demostrada por el docente en el momento de la clase".

La Organización de las Naciones Unidas para la Educación, la Ciencia y la Cultura reza: "Los estudiantes y profesores utilizan ya tecnologías móviles en diversos contextos para una extensa gama de finalidades docentes y de aprendizaje, y actores clave del ámbito educativo" (UNESCO, 2013).

De otro lado, Henríquez, González y Organista (2014), señalan que los simuladores, ejercicios de entrenamiento y softwares didácticos para aprendizajes específicos son los de mejor aplicación para logros efectivos del aprendizaje.

Existen estudiantes y docentes que disponen de múltiples tecnologías, pero "se requieren prácticas pedagógicas innovadoras y habilidades digitales para el manejo de la gran cantidad de información disponible en internet" (Organista et al., 2013, p. 18), por lo cual es importante el aprendizaje en el manejo adecuado de aplicaciones pedagógicas y didácticas, como también en la adopción de nuevas aplicaciones que permitan la organización y la clasificación de la información, que propicien el desarrollo de habilidades de síntesis, análisis, deducción, argumentación y toma de decisiones.

Para Silva y Martínez (2017, p. 12):

> En esta época en la que el conocimiento llega y se transforma a velocidades increíbles, paradójicamente las personas se distancian físicamente pero se fortalece el acercamiento por medios móviles. El uso intensivo del teléfono inteligente ha demarcado nuevos comportamientos y ha llevado consigo tanto beneficios como desventajas.

La conclusión principal es que el uso del Smartphone como herramienta pedagógica en los Centros de Educación Superior, como la Facultad de Comunicación Social de la Universidad de Guayaquil, es un elemento fundamental en la construcción de conocimientos, ya que el uso responsable, profesional y ético de la tecnología mejora la comunicación e interacción entre docentes y discentes. "La tendencia actual hacia el uso de dispositivos móviles en educación está enfocada a que, en el futuro, cada vez más se utilicen estos aparatos en las aulas y en los centros educativos y culturales" (Cantillo, Roura & Sánchez, 2012, p. 2).

El focus grupal realizado en esta investigación permite, del mismo modo, exponer algunas condiciones específicas:

- El uso del Smartphone como herramienta pedagógica es indispensable entre los docentes y discentes de multimedia de la Facultad de Comunicación Social. Cabero (2007, como se citó en Gómez Hernández y Monge, 2013, p. 2):

  > La sociedad actual se encuentra en continuo cambio y avanza drásticamente. También se incrementa considerablemente el progreso científico. Por ende, entendiendo a los centros educativos como entornos de socialización y de transmisión de conocimientos, se puede concebir que éstos no han de estancarse en sus prácticas rutinarias y burocratizadas. Es posible señalar que los centros educativos deben cambiar a los requerimientos de la sociedad actual y avanzar hacia el progreso. Entonces, los centros educativos tienen que mejorar sus prácticas, para que así lo haga también el conjunto de la sociedad.

- El Smartphone, al ser utilizado como herramienta pedagógica, genera grandes ventajas, en la producción y difusión de información impresa, radial y audiovisual. Basta recordar cómo era la labor periodística hace unos años. El periodista obtenía la información, recorriendo las calles en busca de la noticia, llamando a sus fuentes, anotando todo en una libreta o grabando en una grabadora, en el caso de los periodistas de radio. El comunicador de medio impreso era acompañado de un fotógrafo y el de televisión por un camarógrafo. Se utilizaba equipamiento pesado y complicado para hacer conexiones. Hoy, toda esa tarea la simplifica el comunicador social, utilizando herramientas tecnológicas de la comunicación.

- Las directrices para que los docentes de comunicación multimedia hagan un uso adecuado del Smartphone como material pedagógico están dadas al proponer que las autoridades de la Universidad de Guayaquil y el Estado, trabajen conjuntamente para mejorar los ambientes virtuales de enseñanza-aprendizaje con los que cuenta la Facultad de Comunicación Social.

En este contexto, si optimizamos la aplicación del Smartphone como herramienta pedagógica con los estudiantes de periodismo, la Facultad de Comunicación Social, la Universidad de Guayaquil, entregará a la sociedad, comunicadores sociales multimedia.

> El estado actual de los medios de comunicación en esta época de globalización, demuestra el papel fundamental que estos tienen en la conformación de la identidad de una sociedad. Es aquí donde se destaca la era de la información digital, que se ha transformado en el nuevo diamante en bruto del mercado de la oferta y demanda. (Di Pietro, 2015, p. 36)

Referencias bibliograficas

Cantillo, C., Roura, M. & Sánchez, A. (2012). Tendencias actuales en el uso de dispositivos móviles en educación. *La educ@ción. Digital Magacine*, 147, 1-21. Recuperado de https://bit.ly/2znGXZy

Di Pietro, C. (2015). Los cambios de valores en la sociedad actual reflejados en los medios de comunicación. *Escritos en la Facultad*, 81, 36-37. Recuperado de https://bit.ly/2puAwOB

Fariña, E., González, C. & Area, M. (2013). Qué uso hacen de las aulas virtuales los docentes universitarios. *RED. Revista de Educación a distancia, 35*, 1-13. Recuperado de https://bit.ly/2NtYlV4

García Martínez, O. M. (2014). *Uso pedagógico del celular en el aula* (Trabajo de grado). Universidad de Tolima. Ibagué-Tolima.

Gil, E. (4 de junio de 2013). Eficiencia en la docencia con los Smartphone. *Blog Eloy Hoy*. Recuperado de https://bit.ly/2NyLMrG

Gómez Hernández, P. & Monge, C. (2013). Potencialidades del télefono móvil como recurso innovador en el aula: una revisión teórica. *Didactica. Innovación y Multimedia (DIM), 26*, 1-16. Recuperado de https://bit.ly/2QPHmdP

Henríquez, P., González, C. & Organista, J. (2014). Clasificación de perfiles de uso de smartphones en estudiantes y docentes de la Universidad Autónoma de Baja California, México. *Revista Complutense de Educación, 25*(2), 245-270. http://dx.doi.org/10.5209/rev_RCED.2014.v25.n2.41437

Informe de la Unión Internacional de Telecomunicaciones (UIT) (septiembre 2011). Recuerado de https://bit.ly/2MSLRBe

Informe de la Unión Internacional de Telecomunicaciones (diciembre 2015). Recuperado de https://bit.ly/1ITKFdQ

Lavigne, G., Gutiérrez, G., McAnally, L. y Organista, J. S. (2015). Análisis de la navegación en un entorno virtual de aprendizaje de estudiantes de ingeniería. *RUSC. Universities and Knowledge Society Journal, 12*(3). 113-128. doi http://dx.doi.org/10.7238/rusc.v12i3.2162.

López de la Madrid, M.C & Chávez, J.A. (2013). La formación de profesores universitarios en la aplicación de las TIC. *Sinéctica. Revista electrónica de educación, 41*, 1-18. Recuperado de https://bit.ly/2zsYelV

Mendoza (2014). El teléfono celular como mediador en el proceso enseñanza-aprendizaje. *Omnia, 20*(3), 9-22. Recuperado de https://bit.ly/2QRuUu9

Organista, J., McAnally, L. & Lavigne, G. (2013). El teléfono inteligente (smartphone) como herramienta pedagógica, *Apertura, 5*(1), 6-19. Recuperado de https://bit.ly/2px5eX2

Rush S. (2011). *Problematic use of Smartphones in the workplace: An introductory study* (Tesis de grado). Central Queensland University. Rockhampton: Australia. Recuperado de https://bit.ly/2O33Utc

Sánchez Gónzalez, M. (2012). Los smartphones como herramientas para el periodismo móvil: potencial y tendencias de uso por profesionales de la información, usuarios y empresas periodísticas. In C. Mateos, A.I. Ardèvoul & S. Toledano (eds.) (2012). *La comunicación pública, secuentrada por el mercado* (pp.29-30). La Laguna (Tenerife): Sociedad Latina de Comunicación Social.

Saulés, S. (2012). *Competencia lectora en PISA. Influencias, innovaciones y desarrollo.* México: INEE. Recuperado de https://bit.ly/2OL4KYE

Semenov, A. (2006). *Las tecnologías de la información y la comunicación en la enseñanza: Manual para docentes o Cómo crear nuevos entornos de aprendizaje abierto por medio de las TIC.* UNESCO. Recuperado de https://bit.ly/2QRGVjc

Silva, A. & Martínez, D.G. (2017). *Suma de negocios*, 8, 11-18. Recuperado de https://bit.ly/2PZjHGN

Torres, J.C., Infante, A. & Torres, P.V. (2015). Aprendizaje móvil: perspectivas. *RUSC. Universities and Knowledge Society Journal, 12*(1), 38-49. doi http://dx.doi.org/10.7238/rusc.v12i1.1944